Andi und Alex
gratulieren
zum
Frisch gekocht
Kochchampion 2013
Die Jury:
Johann Lafer
Lisl Wagner-Bacher
Karl Hohenlohe

KOCHCHAMPION
mit Andi & Alex

Andreas Wojta
Alexander Fankhauser

Isa Svec

KOCHCHAMPION
mit Andi & Alex

Alle Kandidaten
Alle Rezepte

pichler verlag

INHALT

VORWORT

Als wir - das „Frisch gekocht"-Team - im Sommer 2012 in der Redaktion zusammensaßen und die Idee des „Kochchampion 2013" zu einem Konzept ausarbeiteten, war uns noch nicht klar, welches Echo und welchen Erfolg diese „Frisch gekocht"- Aktion bringen sollte.
Hobbyköchinnen und Hobbyköche im Kochstudio sind ja nichts Neues und Außergewöhnliches. „Frisch gekocht" setzte schon zum Start der beliebten ORF-Kochshow 1999 auf Rezepte aus österreichischen Privatküchen.
Seither haben sich die Freude und das Interesse am Kochen quer durch alle Altersgruppen in Österreich extrem positiv weiterentwickelt. Der große Erfolg von Fernsehkochshows und der Boom am Kochbuchsektor sind Bestätigung dafür, dass Kochen für sehr viele Menschen dieses Landes nicht lästige tägliche Pflicht ist, sondern Hobby, kreative Beschäftigung und Ausdruck des eigenen Lebensstils.
Hinzu kommt die Entwicklung der letzten Jahre am Ernährungssektor: Etikettenschwindel, Gift in Nahrungsmitteln, künstliche Zusatzstoffe und Klimabelastung sind nur einige Schlagworte, die die Menschen dazu bewogen haben, verstärkt über ihr Ess- und Kochverhalten nachzudenken. „Du bist, was Du isst" hat eine neue, aktuelle Bedeutung erlangt. Regionale, saisonale und gesunde Ernährung ist ein gesellschaftliches Thema geworden, dem sich heute kaum noch jemand entzieht.

Nach den Aufrufen haben wir gemeinsam mit Andi & Alex die eingesandten Rezeptideen durchgearbeitet. Die beiden Spitzenköche waren von Beginn an überzeugt: Das wird eine erfolgreiche Staffel unter Mitwirkung unserer Seherinnen und Seher! Ob österreichische Klassiker, alte Familienrezepte oder innovative Eigenkreationen: Der Ideenreichtum, das solide Handwerk und die Kreativität unserer Hobbyköchinnen und Hobbyköche haben uns alle überzeugt.
Die Fachredakteurin der Sendung, Aimée Klein, wird ihnen einen Einblick geben, wie sich die Dreharbeiten beim „Frisch gekocht"-Produzenten INTERSPOT Film gestaltet haben und was sich „backstage" während der Aufzeichnungen von Dezember 2012 bis Juni 2013 getan hat.
Die starke Marke „Frisch gekocht" hat mit dem „Kochchampion 2013" wieder einmal gezeigt, welches Potenzial in ihr steckt. Aber machen Sie sich doch selbst ein Bild: Die Rezepte in diesem Buch werden sie davon überzeugen, dass Österreich nicht nur auf seine Spitzenköchinnen und Spitzköche in der Gastronomie stolz sein kann, sondern auch die Hobbyköchinnen und -köche unseres Landes sehr viel zu bieten haben!

Angelika Doucha-Fasching
Redaktionsleiterin „Familie"

DIE SUCHE NACH DEM KOCHCHAMPION

„Frisch gekocht – Kochchampion", die Suche nach ihm beginnt on air im Jänner 2013, auf unsere Aufrufe meldeten sich Hunderte ambitionierte Hobbyköchinnen und -köche, aber auch viele Profis, aufgrund unserer Regeln durften nur Laien mitmachen. (Die Auswahl hat schon einen Vorgeschmack auf die Vielfalt der Rezepte und unterschiedlichsten Küchenstile gebracht. Von geheimen Familienrezepten über österreichische Klassiker, Lieblingsgerichte aus aller Welt und teilweise höchst eigenwillige Kreationen spannte sich der Bogen, aus dem die Auswahl getroffen wurde.) In den Vorrunden durften die Zuseher via Telefon- und SMS-Voting entscheiden, wer in den Finalwochen weiterkochen sollte.
Die besondere Herausforderung für das „Frisch gekocht"-Team bestand vor allem darin, Studioneulingen eine Atmosphäre zu schaffen, die es Ihnen möglich machte, ihr jeweiliges Gericht bestmöglich zu präsentieren. Es ist schließlich ein himmelweiter Unterschied, zu Hause im eigenen Tempo zu kochen oder im Zeitplan einer Fernsehproduktion Höchstleistungen zu bringen. Andi und Alex hatten die Aufgabe, ihre Kandidaten bestmöglich zu unterstützen, ohne ihnen den Kochlöffel aus der Hand zu nehmen, und den jeweiligen Stil zuzulassen. Unser Team besteht aus knapp 30 Personen, die alle gemeinsam dafür sorgen, dass unsere Sendung täglich am Schirm zu sehen ist, und dem ich in seiner Gesamtheit Dank sagen möchte. Fernsehen ist Teamarbeit und eine Redakteurin alleine macht noch keine Sendung.
Für mich als Redakteurin bestand die Herausforderung darin, für jede Woche entweder für Team Andi oder für Team Alex Kandidaten/Kandidatinnen zusammenzustellen, deren Rezepte zwar unterschiedlich waren, aber deren Kochniveau ungefähr gleich sein sollte, um jedem eine faire Chance zu ermöglichen. Die Zuseher zu Hause sollten jeden Tag zwei Gerichte serviert bekommen (eines von unseren Hobbyköchen und eines wöchentlich abwechselnd von Andi oder Alex), die Lust machen, die Rezepte nachzukochen. Hier galt es auch in dieser Staffel, den richtigen Mix aus Fleisch, Fisch, Vegetarisch und süßen Rezepten zu finden. Es ist ein großes Anliegen unserer Sendung „Frisch gekocht", Spaß und Freude am Kochen zu vermitteln, regionale und saisonale Produkte in den Focus zu stellen und die unendlichen Möglichkeiten einer kreativen Küche zu vermitteln.
Um in der Liga unserer Hobbyköchinnen und -köche mitspielen zu können, gehört eine gehörige Portion Mut und Persönlichkeit dazu, ihnen allen gilt mein Dank, dass sie bei uns mitgemacht haben.
In den Finalrunden kamen dann unsere Jury-Spitzenköchin Lisl Wagner-Bacher und Gourmetexperte und Gault-Millau-Herausgeber Karl Hohenlohe zum Einsatz; die beiden haben sich mit großer Begeisterung durch alle Gerichte, die ihnen vorgesetzt wurden, durchgekostet und waren insgesamt überrascht, wie hoch das Niveau unser „Laienköchinnen und -köche" war.
Im Finale wurde die Jury durch den kulinarischen Botschafter der Steiermark Johann Lafer, der in seiner Stromburg in Deutschland das Spitzenrestaurant LE VAL D'OR betreibt, verstärkt, dessen unbestechliche Geschmacksnerven dazu beitrugen, den Kochchampion 2013 zu küren. Beide Finalisten, Eva Glawischnig und der erst 17-jährige Manuel Kernthaler, standen verdient im Finale, aus dem die gebürtige Vorarlbergerin Eva Glawischnig siegreich hervorging.
Insgesamt war dies eine besonders aufwendige Staffel „Frisch gekocht", die beim Publikum sehr gut angekommen ist und den hohen Stellenwert, den gutes Essen in Österreich hat, gespiegelt hat und deren kreativer Output in Form der vielen Rezepte auch allen Leserinnen und Lesern Anregung und Spaß machen wird, selbst zum Kochlöffel zu greifen.
In diesem Sinne guten Appetit ...

Aimée Klein
Redaktion „Frisch gekocht"

KOCH
CHA
Feinster

DIE SHOW
Backstage

DIE SUCHE NACH EINER EIGENEN KULINARISCHEN HANDSCHRIFT

Kulturelle Eigenschaften einer Gesellschaft spiegeln sich immer in deren Küchen wider, kein Ort erzählt mehr über die Geschichte und die kreative Entwicklung seiner Bewohner ...
Die Suche nach Österreichs Kochchampion war nicht nur eine Suche nach innovativen, kreativen Hobbyköchen, sondern auch die Suche nach einer eigenen Stilistik, sozusagen der eigenen kulinarischen Handschrift.
75 Kandidaten verknüpften mehr als 20 Wochen lang in über 90 Sendungen ihre kulturellen und kulinarischen Wurzeln auf hohem Niveau zu einer unglaublichen lukullischen Vielfalt, einer Vielfalt der Gerichte, Gewürze, Aromen, deren Zubereitung, Interpretation und Präsentation am Teller.
Alte, traditionelle Rezepte und deren Geschichten standen ebenso im Mittelpunkt des unmittelbaren Erlebnisses Kochen wie höchst fantasievolle Eigenkreationen.
Erfahrung gepaart mit großem handwerklichen Können traf da auf Fantasie und kulinarischen Mut und gab dieser Sendung ihr unnachahmliches delikates Flair.
Erfahrene Küchenchefs kämpften mit jungen, hungrigen Einsteigern um den Titel des Kochchampions, ein unglaublich spannendes, alle Sinne erfassendes Schauspiel am Herd.
Die beiden Regisseure dieser geschmackvollen Inszenierung, Andi Wojta und Alexander Fankhauser, führten ihre Kandidaten einfühlsam durch alle Küchenschlachten, umschifften geschickt jede geschmackliche Klippe, waren stets mit Rat und Tat zur Stelle und retteten nicht nur behutsam so manche Speise vor dem Feuertod, sondern auch manchmal durch guten Zuspruch die Nerven ihrer Kandidaten.
Der großen Herausforderung, die Kandidaten in ihrer persönlichen und kulinarischen Entwicklung zu fordern und zu fördern, begegneten die beiden Spitzenköche mit jener spielerischen Leichtigkeit, die auch zum signifikanten Erscheinungsbild jeder ihrer Sendungen geworden ist, nämlich mit dem ihnen eigenen, unnachahmlichen „Schmäh".
Und genau diese Leichtigkeit, der „Schmäh" ist auch zum unverwechselbaren Markenzeichen der beiden geworden, die trotz des Erfolges und medialen Hypes um ihre Person sehr bescheiden und bodenständig geblieben sind. Ein Erfolgsduo, das auf dem Weg nach oben trotzdem die Bodenhaftung nicht verloren hat, zwei, die einander in der Achse Wien – Tirol den Rücken stärken und die statt Konkurrenzkampf eine tiefe, echte Freundschaft verbindet.

„IHR MÜSST KULT WERDEN ..."

Begonnen hat diese Freundschaft während der gemeinsamen Lehrjahre bei ihrem großen Vorbild 4-Hauben-Koch Reinhard Gerer im „Korso".
Der Spitzenkoch war nicht nur Vorbild für die beiden Jungköche, sondern auch Bezugsperson und väterlicher Freund, der das Talent seiner Schützlinge rasch erkannte, sie in ihrem eigenen Stil weiterentwickelte und dessen einzigartiges Genie die beiden bis heute nachhaltig beeinflusst hat.
Ein wichtiger Rat, den der große Kochkünstler Alex in den ersten Tagen seines Wirkens im „Korso" mit auf den Weg gab, hat den Tiroler geprägt: „Sie sind nicht zu schwach, Sie müssen nur so schnell wie möglich den Plafond erreichen ..."
Sie sind so unterschiedlich wie Tag und Nacht, Alex, der ruhige Tiroler, und Andi mit seinem „Wiener Schmäh". Und doch verbindet sie ihre Bescheidenheit und Bodenständigkeit: „Jeder von uns hat seinen Hauptjob in seinem Betrieb, seinen eigenen Herd, da muss man selbst ‚hackeln', da kann keiner abheben, deshalb müssen wir mit beiden Beinen am Boden und Realisten bleiben."
Natürlich polarisieren sie die Zuschauer, die einen lieben ihre witzige Art, ihre Leichtigkeit, zwei eingeschworene Entertainer am Herd: „Wir haben einen Spielwitz, wir machen alles aus dem Stegreif heraus ..."
Die anderen können gerade mit dieser spielerischen Zungenfertigkeit wenig anfangen; doch so bleibt das geniale Koch-Duo im Gedächtnis und die Sendung im Gespräch.
Sie gehen ihren Weg: „Ohne Ecken und Kanten kann man nichts werden, man muss charismatisch sein. Und im Gegensatz zu unseren Haaren, die aalglatt sind, sind wir als Menschen Charaktere!"
Unbeirrt von allen möglichen Zurufen entwickeln die beiden beharrlich ihre eigene Linie und setzen den Rat ihres einstigen Lehrmeisters Gerer beständig in die Tat um: „Ihr müsst Kult werden ..."

DAS ERFOLGSGEHEIMNIS: „WIR ZWEI SIND ECHT"

Alex, den Hotelierssohn aus Hochfügen, zog es nach der Matura in die Ferne, nach Florenz, später verfeinerte er seine Kochkünste in London: „Ich war nie der typische Hotelierssohn, ich wollte immer arbeiten und eines Tages das Hotel übernehmen. Aber man muss manchmal weggehen, um neue Erfahrungen zu sammeln."
2001 fand Alex den Weg zurück ins Zillertal und machte nach seiner Rückkehr in den elterlichen Betrieb aus der ehemaligen „Tiroler Stube" des Hotels Lamark einen kulinarischen Geheimtipp – ein Gourmetrestaurant auf 1500 Metern Seehöhe ...
Das Restaurant „Alexander" avancierte zum Fixstern unter den österreichischen Spitzenrestaurants und zu einem Feinschmeckertreff ersten Ranges. 3 Gault Millau-Hauben sowie ein Stern des Guide Michelin krönen den Erfolg. 2005 war Alex einer der jüngsten „Köche des Jahres" und nominiert für zahlreiche Auszeichnungen, wie 2013 für die „Trophy Gourmet".
Ehrgeizig war er schon immer: „Ich wollte unbedingt ein Haubenkoch werden, bei mir hat sich rund um die Uhr alles ums Kochen gedreht."
Ein „Abstecher" zu Wolfgang Puck nach Los Angeles eröffnete Alex einen völlig neuen Blick in die System-Gastronomie auf höchster Ebene. Denn da wurde gekocht in den Villen der großen Hollywood-Stars und der hohen Politik: „Wir haben oft für 500 Leute gekocht, aber jedes Catering-Zelt war ein Hauben-Restaurant!"
Heute sieht Alex das Leben entspannter, er steht zwar immer noch gerne im Rampenlicht, doch Erfolg ist nicht alles: „Ich möchte an meiner Arbeit gemessen werden ..."
Eine 4. Haube wäre sein Traum, denn wichtig ist ihm das handwerkliche Können: „Kochkunst gibt es nicht, Kochen ist ein Handwerk. Aber man kann viel Künstlerisches einbringen, ausprobieren, welche Zutaten harmonieren miteinander, da kann man seinen eigenen Stil entwickeln ..."
Als bodenständiger Tiroler kocht Alex gerne Hausmannskost, neu interpretiert und ein wenig extravagant, da fließen auch die italienischen Jahre mit ein, aber trotzdem bleibt seine Küchenlinie immer authentisch.
Zu Hause kocht Alex gemeinsam mit seiner Frau, Nudeln sind sein Lieblingsessen, Pasta in allen Variationen isst Alex daheim fast täglich. Er genießt im Sommer die gemeinsamen Familienessen, denn im Winter, während der Saison, bleibt wenig Zeit.
Für Alex gehört Intelligenz zum Kochen, denn die Gerichte entstehen im Kopf und nicht am Teller, für ihn spiegelt das Essen den Charakter des Kochs wider: „Man schafft sich seine eigene Identität am Teller, mein Gericht bin ich!"

Andis Karriere startete schon früh im „Minoritenstüberl", wo er unter Mutters strenger Aufsicht schon im zarten Alter von fünf Jahren seine erste Kreation präsentierte: ein selbst belegtes Wurstsemmerl.
Den ersten großen Schliff erhielt der Jungkoch in der Gastgewerbefachschule am Judenplatz in Wien bei einem der ganz Großen seines Faches, dem legendären Direktor Franz Zodl, einem Entertainer am Herd, der seine Schüler noch von Herzen für den Kochberuf begeistern konnte: „Das war ein Glücksfall!"
1989 folgten vier Jahre, die Andi wesentlich prägten, perfektionierte er seine Begabung doch bei Spitzenkoch Reinhard Gerer im Restaurant „Korso". Es war eine völlig andere Welt, die sich ihm da eröffnete: „Plötzlich fliegen dir Hummer, Kaviar und Perlhuhn um die Ohren ..."
Doch nicht nur die hohe Schule der „Haute Cuisine" erahnte Andi in diesen Tagen, er lernte von dem 4-Hauben-Koch auch, die bodenständige Wiener Küche neu zu interpretieren und vor allem sensationell zu kombinieren.
Bis heute zählt Gerer zu Andis Vorbildern, weil „er trotz seines Erfolgs am Boden geblieben ist".
Wien wurde Andi bald zu eng, denn er hatte einen Traum, und so machte er sich auf nach München, um seinen Horizont bei Eckart Witzigmann im sagenumwobenen „Aubergine" zu erweitern.
Die Zeit im „Aubergine" zählt Andi heute noch zu der härtesten in seinem Leben: „Eckhart Witzigmann hat 200 Prozent Leistung verlangt, 48 Stunden am Tag, er war der Erste, der gekommen ist und der Letzte, der gegangen ist."
Und trotzdem sind die Köche Schlange gestanden damals, um mit dieser Koch-Legende arbeiten zu dürfen: „Wir waren stolz darauf, die Jacke vom ‚Aubergine' tragen zu dürfen, ich hätte unter der Brücke geschlafen, nur um bei Witzigmann arbeiten zu dürfen!"
Mit Fleiß und Können erkämpfte sich der junge Wiener sei-

nen Platz im legendären Team, wurde sogar mit einem eigenen Spitznamen geadelt: „Beuscherl". „Weil ich als Einziger das echte Wiener Beuscherl kochen konnte, das hab ich bei meiner Mutter gelernt!"
Mit 21 Jahren war Andi am Zenit seiner Wünsche, als Eckhard Witzigmann eines Abends verkündete: „Beuscherl, du arbeitest bei mir am Posten als Saucier."
Ein Jahr lang konnte er diese heiß begehrte Stellung erfolgreich verteidigen: „Du musst wissbegierig sein, dich überwinden können, wenn's weh tut, dann fangt's erst richtig an ..."
Die Heimkehr nach Wien war dann allerdings eine Art Quantensprung: „Vom ‚Aubergine' in die Kantine ..."
Der Weg in die eigene Selbstständigkeit war steinig, auch wenn Andi seinen Entschluss bis heute nicht bereut hat: „Der Sprung vom angestellten Superkoch zum eigenen Chef, das waren nicht zwei, das waren drei verschiedene Paar Schuhe!"
Viel Fingerspitzengefühl, Enthusiasmus gepaart mit unermüdlichem Fleiß und dem unerschrockenen Glauben an den Erfolg hat es gebraucht, um aus der Kantine ein Top-Wirtshaus zu machen. Heute ist das „Minoritenstüberl" zum Geheimtipp für Gourmets avanciert und Andi kocht seinen Traum von gehobener Wiener Küche, den Geschmack seiner Jugend wie Beuscherl, Backhenderl und Co für die stetig wachsende Feinschmecker-Gemeinde.
Und obwohl sein Tag oft schon um 4 Uhr Früh beginnt und sein Geschäft viel Zeit in Anspruch nimmt, liebt es Andi umso mehr, seine Familie in jeder freien Minute zu verwöhnen, mit Frau und Kindern zu kochen und zu genießen.
Denn Andi lebt den schönsten Beruf der Welt mit ganzer Seele: „Du kannst Menschen in der Sekunde glücklich machen! Bei einem Geschäftsessen entscheidet oft das Essen die Stimmung. Wenn das Supperl versalzen ist, dann ist auch die Stimmung mies, wenn das Supperl schmeckt, dann ist der Geschäftsabschluss vielleicht positiv ..."

Seit Anfang 2008 kochen sich Andi und Alex in die Herzen der Zuschauer.
Sie sind aus der medialen Küchenlandschaft nicht mehr wegzudenken, ein ideales Koch-Duo, das „Dream-Team" am Herd.
Zwei aus demselben Holz geschnitzt, zwei, die gerne und hart arbeiten und einfach alles geben für den Erfolg. Und die trotzdem so komplett konträre Charaktere sind. Unterschiedlicher könnten sie kaum sein, doch auch das hat seine guten Seiten für Andi: „Wir sind nicht eifersüchtig aufeinander ..."
Das Verbindende dieser Freundschaft steht für Alex stets an erster Stelle: „Uns verbindet die Bodenständigkeit, wir sind beide grundehrliche Menschen, beide ‚grade Michl'. Andi ist ein echter Freund, wenn du was brauchst, dann hilft er dir. Wir sind beide dankbar für den Erfolg." Und gläubige Menschen: „Ab und zu gehen wir in die Kirche und zünden ein Kerzerl an!"
Ihre karge Freizeit verbringen die beiden Starköche gerne miteinander, mit ihren Familien. Privat, nur im kleinen Kreis.

ERFOLGSDRUCK UND LAMPENFIEBER ... DIE KANDIDATEN

In die Nervosität und den Erfolgsdruck seiner Kandidaten konnte Alex sich von Anfang an sehr gut einfühlen: „Als ich vor 15 Jahren bei Radio Tirol meinen ersten großen Auftritt hatte, da war ich ganz krank vor Lampenfieber, habe aber trotzdem weitergemacht."
Um zu lernen und vor der Kamera zu glänzen, bezahlte Alex sogar einen privaten Coach aus der eigenen Tasche, besuchte Tagesseminare in Kamera-Training und Interview-Technik, eine kluge Investition in die Zukunft!
„Aber man muss trotzdem authentisch bleiben, man sieht, wo ich herkomme, das macht mich ja aus!"

Die Zusammenarbeit mit den Hobbyköchen hat Alex restlos begeistert: „Für uns war das ein Meilenstein, die Moderation, das Führen der Kandidaten. Wir haben auch viel gelernt, was die Gesprächsführung betrifft, manche Kandidaten sind sehr aufgeregt und erzählen viel, die anderen sind ruhig, die muss man mit gezielten Fragen ein wenig auflockern ...
Da kommen die verschiedenen Charaktere und Kulturen zum Tragen, das ist sehr spannend mitzuerleben und bringt auch neue Facetten in unseren Kochalltag.
Die Kandidaten lockern auf, bringen Leben in die ‚Bude'! Wir sind ihre Gastgeber und sie fühlen sich sichtlich wohl bei uns ..."

Auch für Andi war die Zusammenarbeit mit den Kandidaten eine große Bereicherung: „Es ist wirklich eine interessante Erfahrung für uns, mit den Kandidaten zu arbeiten, wir haben ja fünf Jahre die Kochsendung allein gestaltet. Am Anfang war es ein wenig ungewohnt, aber die Sendung wird viel bunter, bekommt mehr Breite, denn jeder Kandidat gibt etwas von sich preis, seien das jetzt ungewöhnliche Hobbys oder außergewöhnliche Gerichte.
Es war für uns die große Herausforderung, diese Geschichten aus den Kandidaten ‚herauszukitzeln'. Man muss sich auf jeden Einzelnen einstellen, denn der eine ist introvertiert, der andere extrovertiert. Bei manchen Kandidaten steht das Kochen im Vordergrund, bei manchen die Unterhaltung, da ist man manchmal der Zirkusdirektor, der alles im Griff haben muss ...
Die Sendung hat sich mit jedem Kandidaten weiterentwickelt!"

Bis ins große Finale haben Andi und Alex ihre Kandidaten mit großer Begeisterung und viel Engagement begleitet: „Wir haben unsere Kandidaten mit unseren Tipps unterstützt, so gut wir konnten, denn wir wollten ja jedem zum Kochchampion verhelfen.
Es war natürlich eine Herausforderung für die Kandidaten, das Tempo zu halten, das wir vorgeben, und die Balance zu finden zwischen Unterhaltung und Kochen.
Wichtig ist, dass die Kandidaten authentisch sind und selbst etwas von sich als Person einbringen!
Aber auch wir haben von den Kandidaten gelernt. Zu sehen, wie behutsam manche noch mit den Speisen umgehen, mit viel Bedacht aus wenigen Zutaten herrliche Gerichte zaubern, das war sehr beeindruckend.
Da hat man wirklich gesehen, wie viele gute Köche und Köchinnen es in Österreich gibt!"

... DAS GROSSE FINALE

Das Finale war für beide Kandidaten, Eva Glawischnig und Manuel Kernthaler, aber auch für die beiden Spitzenköche als Coaches eine Nervenschlacht.
Beide – Champion und Vizechampion – ringen Alex höchsten Respekt ab:

„Bei Eva, meiner Kandidatin, hat sich schon in den Vorrunden herauskristallisiert, dass sie eine super Köchin ist, da sitzt jeder Handgriff. Im Finale hat man dann schon den Druck gespürt, denn es war ja eine 100-Prozent-Steigerung der Intensität, nicht nur in Bezug auf die Speisen, sondern auch vom Aufwand her, von den Arbeitsschritten und der Zubereitung."
Aber auch dem Zweitplazierten Manuel zollt der Profi höchstes Lob: „Der Junge mit seinen16 Jahren war so kreativ! Und diese Ruhe zu haben, das ist nicht alltäglich. Für mich ist Manuel der Sieger der Zukunft!"

Auch für Andi war die Suche nach Österreichs „Kochchampion 2013" eine großartige Erfahrung: „Das Niveau der Kandidaten war wirklich hoch. Es macht Freude, wenn man sieht, quer durch die Altersgruppen, von blutjung bis gereift, wie frisch und ausgewogen gekocht wird und wie gesund Ernährung sein kann, wie gekonnt die Kandidaten mit den Lebensmitteln umgehen, von Fleisch bis Gemüse ...
Das Niveau hat sich im Finale extrem gesteigert mit wirklich innovativen, kreativen Gerichten, die nicht aus irgendwelchen Restaurants abgeschaut waren, sondern der eigenen Feder der Kandidaten entsprungen sind. Man muss im Finale wirklich den Hut ziehen, beide Kandidaten haben in den letzten 40 Minuten vor Kameras, Jury und Publikum ihr Bestes gegeben. Sie haben sich beide den Sieg verdient, denn es sind zwei Generationen.
Manuel, die Facebook-Generation, der gezeigt hat, dass die Jungen nicht die „Fastfood-Generation" sind, sondern sehr wohl gutes Essen schätzen können. Und Eva, die als Hobbyköchin gezeigt hat, wie hoch das Niveau im Finale war!"

Der Dank der beiden Spitzenköche gilt auch allen Kandidaten, die sich beworben haben: „Wenn wir alle Kandidaten genommen hätten, hätten wir 10 Jahre Sendung machen können, so hoch ist das Niveau der österreichischen Hobbyköche!"

DIE PRODUKTION

Um eine Sendung wie „Kochchampion" produzieren zu können, braucht es ein gut eingespieltes Fernseh-Team im Hintergrund.
Einen Regisseur, der wie ein Puppenspieler alle Fäden zieht, die Redaktion mit Blick fürs Wesentliche und Kameraleute mit dem Blick fürs Besondere, Licht und Ton-Techniker, die für die entsprechende Qualität bei Auge und Ohr sorgen, Maske und Requisiten, damit alle Darsteller sich von ihrer schönsten Seite zeigen, Aufnahmeleitung, Inspizienz und Assistenz für den reibungslosen Ablauf eines Drehtages, Schnitt-Technik, um aus einem Puzzle eine tolle Sendung zu schneiden, die Vorküche, die mit exzellentem „Mis en Place" die Kandidaten tatkräftig unterstützt hat, viele helfende Hände des Teams im Hintergrund und schließlich die Produktion mit dem Produktionsleiter, der alles zusammen hält ...

Eine Sendung mit Kandidaten und Publikum ist selbst für zwei Profis wie die beiden Regisseure Bernhard Kriwanek und Christian Czeczelich eine Herausforderung: „Mit Andi und Alex arbeiten wir ja schon seit Jahren sehr gerne zusammen.
Aber durch das Zusammenarbeiten mit den Kandidaten jetzt beim Kochchampion, durch das Zusammenspiel der verschiedenen Charaktere und Persönlichkeiten, ist unser Job noch spannender geworden.
Für uns als Regisseure war die große Herausforderung, die Hobbyköche, die das erste Mal vor der Kamera stehen, auch entsprechend in der Sendung vor Publikum zu präsentieren. Denn die Hobbyköche sollten ja gegenüber den Profis Andi und Alex nicht schlechter dastehen. Es war wirklich eine Freude, mit so vielen verschiedenen Persönlichkeiten arbeiten zu können!"

KOCH
CHAMPION

oasis

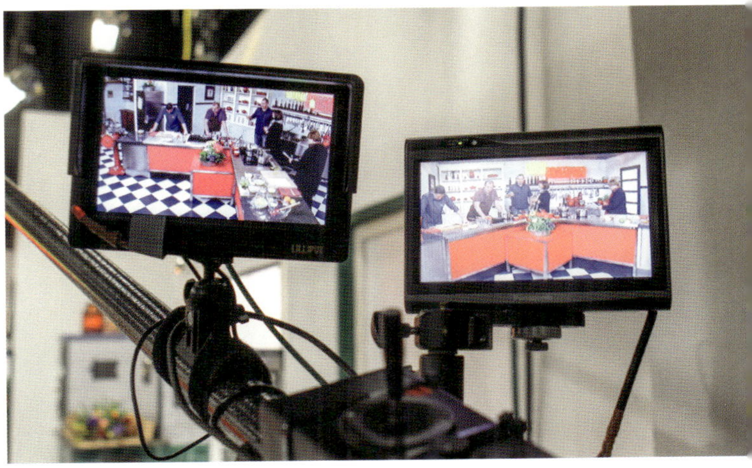

STRENGE, ABER GERECHTE JUROREN

Auch auf die Jury wartete keine leichte Aufgabe, galt es doch, aus den verbliebenen Kandidaten-Teams in zwei Auswahlrunden die Sieger, den Champion zu küren. Angetreten waren jeweils zehn hoffnungsvolle talentierte Hobbyköche an Andis Seite und zehn ebenso siegeswillige Kochtalente an Alex' Seite.
Lisl Wagner-Bacher, mit zwei Michelin-Sternen und drei Hauben im Gault Millau heute die wohl unbestrittene Grande Dame der österreichischen Küche, und **Karl Hohenlohe,** Herausgeber der österreichische Ausgabe des Gault Millau, gaben ihr Bestes, um aus all den vielfältigen Gerichten schlussendlich Österreichs Kochchampion zu erwählen.
Mit Kennerblick wurden die Speisen nach den Kriterien Kreativität, Präsentation und Geschmack beurteilt: „Man glaubt oft, dass alle drei Kriterien gleich wichtig sind, doch der Geschmack ist ausschlaggebend, Kreativität ist eine Grundvoraussetzung beim Kochen, letztendlich aber entscheidet der Geschmack ..."

Wichtig bei der Beurteilung der Kandidaten war der Jury auch die entsprechende Präsentation der Speisen am Teller: „Das gekonnte Anrichten am Teller ist quasi das ‚Zuckerl', es ist entscheidend, dass die Speise appetitlich angerichtet ist. Also kein ‚Saucen-See', sondern ästhetisch präsentiert. Das ist so, wie wenn man eine Wohnung einrichtet: Überladene Wohnungen sind genauso schrecklich wie überladene Teller ..."
Positiv überrascht waren die beiden Juroren auch von der Entwicklung der Kandidaten in den letzten Runden: „Es war ein schöner Sprung in der Entwicklung zu sehen, auch die Idee, mit einer bestimmten Zutat wie Kirsche oder Olive eine Speise zu komponieren, war sehr spannend, denn das fördert die Kreativität. Der Mut der Kandidaten ist gestiegen und wir hoffen, dass sich auch der Mut zum Experiment steigert ..."

Sternekoch und Genussbotschafter Österreichs **Johann Lafer** war im Finale das Zünglein an der Waage bei der spannenden und nervenaufreibenden Wahl des „Österreichischen Kochchampions".
Auch der große Meister war von den Leistungen der Kandidaten sehr beeindruckt: „Ich finde es wichtig, dass man im Fernsehen zeigt, wo der Leistungsstand der Hobbyköche ist, und dass die Menschen zu Hause sich darüber Gedanken machen, was sie kochen. Wenn man nur ansatzweise dieses Niveau in privaten Küchen vorfindet, dann müssen wir uns kulinarisch für Österreichs Zukunft keine Sorgen machen!
Ich möchte meine große Bewunderung für Manuel zum Ausdruck bringen, der mit seinen 16 Jahren nicht nur vor der Kamera so gut kocht, sondern auch sehr eloquent ist. Ich hätte mit 16 Jahren wahrscheinlich nicht mehr zusammengebracht als Häuptelsalat mit Kürbiskernen.
Eva hatte aufgrund der größeren Erfahrung einen Vorteil und sie hat bewiesen, dass ein gutes Essen nicht nur aus Nachtisch besteht.
Für mich war das eine ganz tolle Erfahrung, ich komme gerne wieder, denn wo es gutes Essen gibt, da bin ich gerne."

ANDI & ALEX
Rezepte

GETRÄNKE-TIPP

FEINHERBES PILS
Die würzig-feinherbe Note ergänzt ideal den Matjes.

Alkoholfreie Alternative:
Alkoholfreier Limetten-Radler

MATJESTATAR AUF ERDÄPFELPUFFER

Zutaten für 4 Personen

8 Matjesfilets
1 Bund Jungzwiebeln (fein geschnitten)
4 kleine Essiggurkerln (fein geschnitten)
2 Äpfel (geschält und klein geschnitten)
1 TL gehackte Dille
6–8 EL Traubenkernöl
2 hart gekochte Eier und Dille zum Garnieren

Für die Erdäpfelpuffer:
4 mittelgroße Erdäpfel
1 Ei
1 EL Sauerrahm
1 Knoblauchzehe (klein geschnitten)
Salz, Öl

Zubereitung

- Die Matjesfilets trocken tupfen und in kleine Würfel schneiden. Matjesfiletstücke mit Jungzwiebeln, Essiggurkerln, Äpfeln, Dille und Traubenkernöl vermengen und mindestens 2 Stunden im Kühlschrank durchziehen lassen.
- Für die Erdäpfelpuffer die Erdäpfel schälen, grob reiben, salzen und ausdrücken. Ei, Knoblauch und Sauerrahm rasch untermengen (die Erdäpfelmasse wird sonst schnell braun) und aus der Masse flache Laibchen formen. In Öl beidseitig backen, danach auf Küchenpapier abtupfen.
- Die Erdäpfelpuffer auf Teller legen, das Matjestatar mit einem Ring darauf setzen und mit hart gekochten Eiern und Dille garnieren.

GETRÄNKE-TIPP

PINOT NOIR

Vollmundig elegant am Gaumen, Bukett nach Beeren und Kirschen

Alkoholfreie Alternative: Himbeersaft

GEBACKENE ENTENKNÖDEL AUF LAUWARMER KARTOFFEL-MARINADE MIT BITTERSALAT

Zutaten für 4 Personen

300 g faschiertes Entenbrustfleisch
80 g faschierter Fettspeck
1 Semmel, 1 Schuss Milch
Salz, Pfeffer, 1 EL gehackter Majoran
Mehl, Ei und Brösel zum Panieren
Öl zum Backen
2 Kartoffeln (gekocht und gepresst, noch warm)
1 EL Sauerrahm, 1 EL Crème fraîche
1 gehackte Knoblauchzehe
1 Stück Radicchio, 1 kleiner Kopf Frisée
$^{1}/_{8}$ l Olivenöl
$^{1}/_{16}$ l Himbeeressig
1 EL Staubzucker
2 Granatäpfel

Zubereitung

- Die Semmel in Würfel schneiden und in der Milch einweichen. Gut ausdrücken und anschließend mit dem faschierten Entenfleisch und dem Speck vermischen. Mit Salz, Pfeffer und Majoran abschmecken, Knoblauch zugeben. Aus der Masse kleine Knödel formen und diese mit Mehl, Ei und Bröseln panieren. Die Entenknödel in heißem Öl goldgelb backen.
- Olivenöl und Himbeeressig verrühren. Mit Staubzucker, Salz und Pfeffer abschmecken, den Radicchio und den Frisée damit marinieren.
- Die gepressten Kartoffeln mit dem Sauerrahm und der Crème fraîche verrühren, mit Salz und Pfeffer abschmecken. Die warme Kartoffelmarinade auf Teller streichen, den marinierten Salat mittig darauf anrichten. Die gebackenen Entenknödel dazulegen.
- Die Granatäpfel halbieren und die Kerne dekorativ auf den Tellern verstreuen.

GETRÄNKE-TIPP

WELSCHRIESLING STEIRISCHE KLASSIK STK

So schmeckt die Steiermark! Reichhaltig, elegant und erfrischend

Alkoholfreie Alternative: Naturtrüber steirischer Apfelsaft

STEIRISCHE KRENFLEISCHSUPPE

Zutaten für 4 Personen

500 g Schweinsschopf (oder Bauchfleisch)
2 Zwiebeln (halbiert), 2 Knoblauchzehen
1 Lorbeerblatt, Salz, Pfeffer, Suppenpulver
2 l Wasser, $^1/_8$ l Apfelessig

Für das Julienne-Gemüse:

2 Karotten (in Streifen geschnitten)
1 kleine Knolle Sellerie (in Streifen geschnitten)
2 Jungzwiebeln (in Ringe geschnitten)
300 g kleine Erdäpfelwürfel (gekocht)
reichlich frisch geriebener Kren
1 Bund Schnittlauch (fein geschnitten)

Zubereitung

- Wasser mit dem Fleisch, Zwiebelhälften, Knoblauch, Salz, Pfeffer, Suppenpulver, Lorbeerblatt und Apfelessig zum Kochen bringen und bei geringer Hitze 80 Minuten kochen. Danach das Fleisch aus der Suppe heben, in Klarsichtfolie wickeln und rasten lassen.
- Die Suppe abseihen und wieder aufkochen. Karotten, Sellerie und Jungzwiebeln in die Suppe legen und kurz mitkochen. Das Fleisch in Scheiben schneiden und mit den vorgekochten Erdäpfelwürfeln in die Suppe geben.
- In Suppentellern anrichten, mit reichlich frisch geschnittenem Schnittlauch bestreuen. Den frisch geriebenen Kren extra dazu reichen.

GETRÄNKE-TIPP

PINOT BLANC

Elegant, zarter Schmelz, fein strukturiert, ideal zu deftigen Speisen

Alkoholfreie Alternative:
Joghurt-Lassi mit Paprika

PAPRIZIERTE KRAUTSUPPE MIT GARNELEN UND SPECK

Zutaten für 4 Personen

1 kleiner Kopf Weißkraut
200 g geräucherter Bauchspeck (in Scheiben)
1 Zwiebel (fein gehackt)
4 Zehen Knoblauch (fein gehackt)
2 EL Paprikapulver, 1 Lorbeerblatt
¾ l Rindsuppe
1 Msp. gemahlener Kümmel
1 TL getrockneter Majoran
1 Schuss Essig, Salz, Pfeffer
12 Garnelen (zugeputzt)
Öl und Butter zum Braten
Crème fraîche oder Sauerrahm zum Garnieren

Zubereitung

- Vom Krautkopf den Strunk herausschneiden. Die Krautblätter und die Hälfte des Specks in Streifen schneiden.
- In einem geräumigen Topf etwas Öl und Butter erhitzen und den Speck darin gut durchrösten. Gehackte Zwiebel zugeben, kurz anschwitzen, in der Folge Majoran, Krautstreifen sowie gehackten Knoblauch untermischen. Etwa 10 Minuten dünsten, mit Paprikapulver stauben und mit Essig ablöschen. Mit Rindsuppe aufgießen und mit Salz, Pfeffer, Kümmel, Lorbeerblatt abschmecken. Bei mäßiger Hitze ca. 30 Minuten kochen lassen.
- Den restlichen Speck auf ein mit Backpapier belegtes Backblech legen und im Rohr bei 220 °C knusprig backen.
- Die Garnelen mit Salz und Pfeffer würzen, in Olivenöl beidseitig braten.
- Suppe im tiefen Teller anrichten, Garnelen und knusprigen Speck darauf verteilen und mit Sauerrahm vollenden.

GETRÄNKE-TIPP

RIESLING FEDERSPIEL

Zarte Steinobstfrucht, elegante Säure, animierend ideal zu Lachs und Spargel

Alkoholfreie Alternative: Ingwer-Ananas-Saft

ARME RITTER MIT GRÜNEM SPARGEL

Zutaten für 4 Personen

8 Toastbrotscheiben
150 g Räucherlachs
4 Eier
$\frac{1}{8}$ l Milch
Salz, Pfeffer
Öl zum Braten
500 g grüner Spargel
2 EL Butter, Salz
3 Eier
1 kleiner Bund Schnittlauch (frisch geschnitten)
1 EL Butter

Zubereitung

- Die Toastbrotscheiben rund ausstechen, die Hälfte davon mit Räucherlachs belegen und mit den verbliebenen Brotstücken bedecken. Eier mit Milch verrühren, mit etwas Salz und Pfeffer würzen und die Lachstoasts in der Eiermilch wenden, bis sie sich vollgesaugt haben. In einer Pfanne etwas Öl erhitzen und die Toastscheiben beidseitig goldbraun braten.
- Den Spargel zuputzen, harte Enden entfernen. Spargel in Salzwasser bissfest kochen und kalt abschrecken. Den Spargel vor dem Servieren in nussbrauner Butter schwenken und mit Salz würzen.
- Für eine Eierspeise Butter in einer heißen Pfanne aufschäumen lassen, die Eier einschlagen und kurz stocken lassen. Erst jetzt mit einem Kochlöffel Eiweiß mit Dotter vorsichtig vermengen. Mit Salz und Pfeffer würzen und die noch cremige Eierspeise mit frischem Schnittlauch bestreuen.
- Die cremige Eierspeise mit den armen Rittern und dem grünen Spargel servieren.

GETRÄNKE-TIPP

CHARDONNAY

Extraktreich, feine Honig- & Karamell-Töne, ergänzt perfekt dieses Gericht.

Alkoholfreie Alternative: Weißer Traubensaft

SCHUPFNUDELN MIT GORGONZOLASAUCE UND KARAMELLISIERTEM TRAUBEN-NUSS-RAGOUT

Zutaten für 4 Personen

350 g Kartoffeln (mehlige Sorte, gekocht und passiert)
1 Ei, 1 Eidotter
1 EL Grieß
150 g griffiges Mehl
30 g nussbraune Butter
Salz, geriebene Muskatnuss
$^{1}/_{16}$ l Obers, $^{1}/_{16}$ l Milch
120 g Gorgonzola
2 EL frisch geschnittener Schnittlauch
150 g kernlose Trauben
2 EL brauner Zucker
$^{1}/_{8}$ l Orangensaft
50 g Walnusshälften

Zubereitung

- Für des Trauben-Nuss-Ragout braunen Zucker leicht karamellisieren. Die Walnusshälften zugeben und mit Orangensaft ablöschen. Sirupartig einkochen und die halbierten Trauben unterheben. Beiseite stellen und abkühlen lassen.
- Gepresste Kartoffeln mit Ei, Dotter, Grieß, Mehl, Nussbutter, einer Prise Salz und Muskatnuss verkneten und kurz rasten lassen. Mit den Handflächen gleichmäßige Schupfnudeln formen und diese in Salzwasser kochen.
- Für die Sauce Milch und Obers aufkochen, Gorgonzola zugeben und pürieren. Mit Salz, Pfeffer und frisch geschnittenem Schnittlauch abschmecken.
- Die gekochten Schupfnudeln vorsichtig durch die Käsesauce ziehen und mit dem Traubenragout dekorativ auf Tellern anrichten.

GETRÄNKE-TIPP

GRÜNER VELTLINER KAMPTAL DAC

Frische, mineralische Säure, fruchtig und würzig am Gaumen

Alkoholfreie Alternative: Apfel-Birnen-Shake

SCHWEINSMEDAILLONS MIT PORREE-GRAMMEL-HAUBE

Zutaten für 4 Personen

1 Schweinslungenbraten (ca. 600 g)
Salz, Pfeffer, Butter, Öl
150 g Porree (klein geschnitten)
100 g gehackte Grammeln
3 Erdäpfel (mehlige Sorte, gekocht und passiert)
2 Eidotter
1 Knoblauchzehe (klein geschnitten)
1 Msp. Kümmel, Salz, Pfeffer

Für die Beilage:

250 g Porree (in Ringe geschnitten)
1 EL Mehl, $^1/_8$ l Rindsuppe
2 EL geschlagenes Schlagobers
2 EL Petersilie (gehackt)
Salz, Butter

Zubereitung

- Porree in Öl anschwitzen, Grammeln zufügen, kurz mitrösten, vom Herd nehmen und abkühlen lassen. Passierte Erdäpfel, Knoblauch und Eidotter zufügen. Die Masse mit Kümmel, Salz und Pfeffer abschmecken.
- Schweinslungenbraten in Stücke schneiden, diese in heißem Öl und Butter beidseitig scharf anbraten, danach auf ein Backblech legen. Mit der Porree-Grammel-Masse bedecken und im vorgeheizten Rohr bei starker Oberhitze goldgelb überbacken.
- Für die Beilage Porree in aufschäumender brauner Butter durchschwenken, mit Mehl stauben und mit Rindsuppe aufgießen. Aufkochen, dann das geschlagene Obers sowie Petersilie unterheben und mit Salz abschmecken.
- Die überbackenen Schweinsmedaillons mit dem Porree auf Tellern anrichten.

GETRÄNKE-TIPP

MORILLON KLASSIK
Elegante Fruchtfülle, lebendig und frisch, ideal zu Käferbohnen

Alkoholfreie Alternative:
Alkoholfreies Bier

KÄFERBOHNENGULASCH MIT GEBACKENEN KRENTASCHERLN

Zutaten für 4 Personen

250 g Käferbohnen (gekocht)
2 gehackte Zwiebeln
3 gehackte Knoblauchzehen
150 g Dürre (Wurst), 2 EL Paprikapulver
1 TL Tomatenmark
1 Schuss Weißweinessig
$^1/_2$ l Rindsuppe
1 gehackte Chilischote
200 g ausgerollter Nudelteig
200 g Frischkäse
1 Eidotter
1 EL geriebener Kren aus der Dose
Salz, Pfeffer
Ei zum Bestreichen
Butterschmalz, Öl zum Frittieren

Zubereitung

- In einem geräumigen Topf die Zwiebeln im Butterschmalz goldgelb rösten. Knoblauch zugeben, Tomatenmark einrühren, mit Paprikapulver stauben und gleich mit Essig ablöschen. Mit Rindsuppe aufgießen und ca. 10 Minuten köcheln. Die Käferbohnen zugeben, mit Salz, Pfeffer und einer gehackten Chilischote abschmecken und weitere 10 Minuten leicht kochen.
- Die Dürre in gleich große Stücke schneiden und anbraten, zum Gulasch geben und ziehen lassen.
- Den Frischkäse mit dem Eidotter sowie dem Kren verrühren, mit Salz und Pfeffer abschmecken. Käsemasse auf den ausgerollten Nudelbahnen verteilen, die Ränder mit Ei bestreichen, zusammenklappen und Tascherln ausstechen. Diese schwimmend in reichlich Öl goldgelb backen und auf dem Bohnengulasch anrichten.

GETRÄNKE-TIPP

GELBER MUSKATELLER SPÄTLESE

Feine Aromen nach Mandarine, zarter Rosenduft, ergänzt perfekt die Torte.

Alkoholfreie Alternative: Mandarinen-Orangen-Saft

RICOTTATORTE MIT MANDARINEN-SABAYON

Zutaten für 4 Personen

500 g Ricotta
125 g handwarme Butter
4 Eier, 1 Packung Vanillezucker
130 g feiner Kristallzucker (Backzucker)
50 g Grieß
1 EL Honig, 1 EL Rum
Butter und Mehl für die Form

Für das Mandarinen-Sabayon:

125 ml Weißwein
4 Eidotter
40 g Kristallzucker
1 EL Mandarinenlikör
Saft von 1 Mandarine

Zubereitung

- Die Eier trennen. Butter und Zucker cremig rühren, nach und nach die Eidotter einrühren. Ricotta, Vanillezucker, Honig und Rum gut untermischen. Eiklar zu steifem Schnee schlagen und vorsichtig unter die Ricottamasse heben. Zum Schluss den Grieß behutsam einrühren.
- Die Masse in eine mit Butter und Mehl befettete kleine Springform füllen und im Rohr bei 170 °C 40 Minuten backen. Die Torte kurz abkühlen lassen und erst dann aus der Springform lösen.
- Für das Mandarinen-Sabayon alle Zutaten in einen Schneekessel geben und diese über Wasserdampf cremig aufschlagen.

GETRÄNKE-TIPP

GRÜNER VELTLINER AUSLESE
Reife Fruchtaromen mit Limette und Grapefruit, extraktsüße Würze am Gaumen

Alkoholfreie Alternative: Grapefruitsaft

LIMETTENSOUFFLÉ AUF GRAPEFRUITSALAT

Zutaten für 4 Personen

200 ml Milch
50 g Butter
50 g glattes Mehl
4 Eier, 1 Eiklar
70 g Zucker
Saft und geriebene Schale von 4 Limetten (mit unbehandelter Schale)
2 Grapefruits
2 EL brauner Zucker
6 Blätter Zitronenmelisse
1 TL rosa Pfefferbeeren

Zubereitung

- Die handwarme Butter mit dem Mehl gut verkneten. Milch aufkochen und die Mehlbutter unter ständigem Rühren darin auflösen. Die Masse dicklich einkochen. Geriebene Schale und Saft der Limetten zugeben und von der Hitze nehmen. Ein Eiklar einrühren und in eine Metallschüssel umfüllen. Die vier Eier trennen und das Eiklar mit dem Zucker aufschlagen. Eidotter in die Masse einrühren und den Schnee vorsichtig unterheben. Souffléformen mit zerlassener Butter ausstreichen und mit Zucker bestreuen. Masse bis 1 cm unter dem Rand einfüllen und im vorgeheizten Rohr bei 160 °C im Wasserbad 10 bis 15 Minuten garen.
- Den braunen Zucker in einem Topf karamellisieren. Grapefruits filetieren und den entstandenen Saft zum Zuckerkaramell gießen. Kurz verkochen lassen, beiseite stellen und die Grapefruitfilets mit den rosa Pfefferbeeren zum Fond geben. Die Limettensoufflé aus der Form stürzen und auf dem Grapefruitsalat anrichten, mit Zitronenmelisse dekorieren.

AMPION

KOCHCHAMPION
Die Sieger

CHAMPION
*
Alex

EVA GLAWISCHNIG

WIE WAR'S?

„Ich habe die Zutaten gesehen, ein super ‚Mise en Place' und habe keine Unsicherheit mehr gespürt, denn alles war bestens vorbereitet. Alex hat auch so eine Ruhe ausgestrahlt! Die Kamera habe ich nicht einmal registriert. Wenn man kocht, ist man so bei der Sache, um jeden Handgriff richtig zu machen!"

KOCHCHAMPION

... die strahlende Siegerin

Die gebürtige Vorarlbergerin Eva Glawischnig ist eine würdige Siegerin!
Denn schließlich war Eva in ihrer Wahlheimat Niederösterreich schon „NÖ-Hobbyköchin des Jahres" und sogar „Vize-Hobbyköchin Österreichs"!
Dass sie bei diversen Kochwettbewerben nur jeweils den 2. Platz belegte, das ärgerte die Perfektionistin doch ziemlich: „Alles, was ich angehe, mache ich mit geballter Energie und sehr bewusst!"
Doch diesmal war ihr Siegeswille ungebrochen: „Als ich mich zum Kochchampion angemeldet habe, da wusste ich, ich will gewinnen! Es war ein wunderbares Erlebnis, ein Traum, der in Erfüllung gegangen ist! Aber ich habe auch all die Jahre hart daran gearbeitet, meine Kochkünste zu verfeinern, es sind immer viele Puzzle-Steine, die zum Sieg führen ..."

Die Liebe zum Kochen liegt Eva im Blut, kommt sie doch aus einer Hoteliersfamilie und ist als „Wirtshauskind" quasi in der Küche groß geworden. Schon früh hat Eva im elterlichen Hotel mitgelebt und mitgeholfen und dabei ihre kulinarischen Sinne geschärft. Gekocht hat sie all die Jahre gerne für Familie und Freunde, doch erst spät wurde aus einem Hobby echte Leidenschaft: „Vor rund 10 Jahren hat es plötzlich Klick gemacht und seither brennt mein Herz für die hohe Kunst des Kochens ..."
Die engagierte Unternehmensberaterin für Medien und Lifestyle ist auch selbst eine begeisterte Gastgeberin: „Es ist für mich das schönste Gefühl, meine Gäste zu verwöhnen!"
Tagelang dauern die Vorbereitungen für ein 6–7-gängiges Menü, von der Planung der Speisefolge über das „Mise en Place", die Auswahl der Zutaten bis zur passenden Dekoration wird alles perfekt geplant. Eva überlässt nichts dem Zufall: „Ich führe ja Buch darüber, welches Menü ich welchem Gast kredenze, damit ich ihn auch jedes Mal mit neuen Kreationen überraschen kann!"
Als tatkräftige Managerin überlegt sie nun, ihre Berufung zum Beruf zu machen und ein feines „Private Dinner"-Catering ins Leben zu rufen, um für ausgesuchte Klienten in kleiner, intimer Runde feine, erlesene Dinner zu kochen. Denn Kochen ist für Eva hohe Kunst, die Zubereitung eine Philosophie ...

So erfolgreich sie als Köchin ist, so engagiert ist Eva auch am Golfplatz, denn als kritischer Geist strebt Eva stets nach Perfektion. Mit Handicap 14 spielt sich die begeisterte Golferin schon seit Jahren in der Staatsmeisterschaft für Senioren in die vorderen Ränge. „Ich habe schon zwei ‚Hole in one' geschlagen, eines davon bei einem Turnier, das war ein richtiger Glücksmoment!"
Die größten Glücksmomente aber genießt Eva mit ihrer Familie, mit ihrem Mann, der Tochter Isabelle Marie und zwei entzückenden Enkelkindern. Ihr Mann ist nicht nur ihr größter kulinarischer Verehrer und liebevoller Kritiker, er ist auch ihr Lebensmensch. „Ich habe Wilfried mit 14 Jahren im Allgäu in den Ferien kennengelernt und gewusst, das ist er." Es war Liebe auf den ersten Blick, denn auch der junge Student konnte die blonde Vorarlbergerin nicht mehr vergessen. Vier Jahre später wurde geheiratet, seit 36 Jahren trotzen sie nun schon gemeinsam allen Stürmen des Lebens.
Und wenn es ein Rezept für eine glückliche und erfolgreiche Ehe gibt, dann ist es für Eva die gegenseitige Verbundenheit: „Das Geheimnis ist, miteinander zu wachsen, man darf nicht stehen bleiben!
Aber zu wissen, dass man zusammengehört, das ist wie ein Fels in der Brandung ..."

Andi und Alex
gratulieren
zum
Frisch gekocht
Kochchampion 2013
Die Jury:
Johann Lafer
Lisl Wagner-Bacher
Karl Hohenlohe

MANUEL KERNTHALER

WIE WAR'S?

„Beim ersten Mal war es sehr entspannt und lustig, ich habe mir gedacht ‚Wart ma mal ab', Andi hat mir sehr geholfen. Im Finale war es teils sehr stressig, aber auch spannend. Als wir die Speisen dann der Jury serviert haben, ist mir im Nachhinein noch eingefallen, was ich alles hätte besser machen können!
Aber der 2. Platz freut mich wirklich, ich hab ja gar nicht erwartet, dass ich ins Finale komme!"

VIZECHAMPION

... der junge Aufsteiger

Er ist der jüngste Vize-Kochchampion, der je in dieser Sendung kochen durfte, und doch mit seinen 17 Jahren schon ein richtiger Profi.

Schon früh, im zarten Alter von sechs Jahren, hat Manuel Kernthaler seine ersten kulinarischen Entwicklungsschritte gewagt, sich unter der fachkundigen Anleitung von Mutter und Großmutter ins große Abenteuer Küche gestürzt. Mit kleinen Hilfsarbeiten hat er begonnen, in die hohe Kunst des Kochens zu schnuppern. Aus der anfänglichen kindlichen Begeisterung wurde über die Jahre echte Leidenschaft, die den Schüler nun nicht mehr loslässt.

Er liebt das Ausprobieren und Experimentieren, hat noch nie ein Kochbuch in der Hand gehabt und hat sich nach dem Prinzip „Try and Error" das Kochen hauptsächlich selbst beigebracht: „Wenn man Spaß hat, dann kommt auch was Gutes dabei raus."

Die Eltern haben den Kochlöffel zu Hause schon längst an Manuel abgegeben, ist er doch der Haubenkoch der Familie. Seine Gerichte lassen dem Hobbykoch viel Freiraum für Kreativität, leichte Küche von Hausmannskost bis hin zur asiatischen Küche, neu und eigenwillig interpretiert und umgesetzt.

Mutig erweitert der junge Koch-Aufsteiger seine Kreativität auch auf seinen Reisen: „Wenn ich in einem Land bin, dann will ich auch die Kulinarik dort kennenlernen. Ich habe auch nichts dagegen, Heuschrecken zu kosten."

Ein Rezept muss ihn neugierig machen und oft kombiniert er verschiedene Rezepte zu einem einzigartigen, sehr persönlichen Geschmack: „Ich peppe meine Gerichte immer mit ungewöhnlichen Ideen auf!"

Aus anfänglichen Küchenexperimenten wurde bald eine veritable Leidenschaft, die auch dem Freundeskreis nicht verborgen blieb. So kann es schon mal vorkommen, dass der Jungkoch für 20 Personen ein 5-gängiges Menü kreiert, eine Herausforderung, die er mit erstaunlicher Gelassenheit bewältigt.

Von der Zusammenstellung der Speisefolge über die Auswahl der Zutaten bis zur kunstvollen Dekoration wird alles bis ins Detail geplant, jedes Gericht gekonnt in Szene gesetzt.

Dabei ist es ihm besonders wichtig, dass seine Kreationen schön und fototauglich angerichtet sind, denn: „Das Auge isst bei mir auf jeden Fall mit."

Und damit die Nachwelt auch weiß, welche Köstlichkeiten ihr da gerade entgangen sind, fotografiert Manuel jedes seiner Gerichte und trägt sich schon länger mit dem Gedanken, einen eigenen Koch-Blog zu starten. Das Unternehmen „Rent a Cook" wäre für den jungen Aufsteiger somit folgerichtig der nächste große Karriereschritt ...

Als zielbewusster junger Mensch erweitert der Schüler gerade an der Tourismusschule Wassermanngasse seinen kulinarischen Horizont und möchte nach der Matura Casino Management studieren.

Und während andere Burschen in seinem Alter Fußball spielen, bewältigt Manuel den „Einrad-Marathon" in Düsseldorf als jüngster Teilnehmer!

Er will sich abheben von der Masse, trainiert seit 10 Jahren neben seinen schulischen Pflichten auch in der Zirkusschule „Kaos" die Kunst der Akrobatik und Artistik. „Ich habe zwei Seiten, das Business in der Schule und die ‚Zirkusseite', wo ich meine Kreativität ausleben kann ..."

Es versteht sich von selbst, dass der junge Künstler auch als Akrobat Furore macht, mittlerweile wird er sogar schon auf Hochzeiten gebucht, was ihm nicht nur großen Spaß bereitet, sondern auch das Taschengeld ein wenig aufstockt.

Aber hinter diesem Spaß steckt auch harte Arbeit: Drei Mal in der Woche trainiert Manuel seine artistischen Fähigkeiten für den einen großen Auftritt.

Wenn einmal im Jahr die Zirkusschule ihre große Produktion vor Publikum präsentiert, dann ist er ein Star in der Manege, dann haben sich Mühe und Schweiß gelohnt ...

Aber unbeeindruckt von Show und Glamour im Zirkus bleibt Manuel im echten Leben doch sehr bodenständig: „Meine Freunde und Klassenkollegen wollten sich die Sendung mit mir gemeinsam in der Schule ansehen, aber ich mag nicht der Koch-Star werden, ich will bescheiden bleiben ..."

EVA GLAWISCHNIG

GETRÄNKE-TIPP

SAUVIGNON BLANC
Frische Säure, vegetabile Nase, ideal zu Lachs und Spargel

Alkoholfreie Alternative:
Erfrischender Limettensaft

WILDLACHSTATAR & LIMETTEN-WASABI-CREME, GRÜNER-SPARGEL-RÖSTI UND WILDKRÄUTERSALAT

Zutaten für 4 Personen

300 g Wildlachs (ohne Gräten und Haut)
100 g Räucherlachs
2 Frühlingszwiebeln
1–2 Limetten
1 TL Honig, 2 EL Olivenöl
Salz, Pfeffer
4 TL Lachskaviar
4 Handvoll Wildkräutersalat (Rot- und Weißklee, Sauer- und Blutampfer, Rucola, Pimpinelle, Blüten, Gartenkresse)

Für die Limetten-Wasabi-Creme:
170 g Crème fraîche
½–1 TL Wasabipaste
Salz, Pfeffer, 1 Prise Zucker

Für die Honig-Zitronen-Vinaigrette:
3 EL Weißweinessig
1 TL Senf, 1 EL Honig
1 unbehandelte Zitrone (Saft und geriebene Schale)
½ TL Salz, Pfeffer
Olivenöl
Mark von 1 Vanilleschote
etwas Wasser

Für die Grüner-Spargel-Kartoffel-Rösti:
4–5 große Kartoffeln (speckige Sorte)
8 Stangen grüner Spargel
1 EL Speisestärke
Salz, Pfeffer, 1 TL Kümmel
Butterschmalz

Zubereitung

- Alle Zutaten für die Honig-Zitronen-Vinaigrette gut vermischen bzw. mixen.
- Für die Rösti die Kartoffeln waschen und mit Salz und Kümmel nicht zu weich kochen. Abgießen und am besten über Nacht auskühlen lassen.
- Gekochte Kartoffel schälen und auf der groben Seite der Vierkantreibe raspeln. Spargel im unteren Drittel schälen und ca. 1 cm abschneiden, dann ebenfalls raspeln oder hauchdünn schneiden. Speisestärke zugeben, gut salzen und leicht pfeffern. Die Kartoffel-Spargel-Mischung in einer beschichteten Pfanne in etwas heißem Butterschmalz unter vorsichtigem, gelegentlichem Wenden goldbraun anbraten. Die angebratenen Kartoffeln mithilfe eines Anrichtringes portionieren, dabei gut andrücken.
- Pro Portion mit einer Butterflocke belegen und vor dem Anrichten unter der Oberhitze im Rohr beidseitig knusprig backen.
- Für das Tatar beide Lachssorten fein würfeln und kalt stellen. Frühlingszwiebeln waschen, und in feine Ringe schneiden. Limetten waschen, trocken reiben, Schale fein abreiben und Saft auspressen.
- Lachswürfel mit Honig, der Hälfte vom Limettensaft sowie dem Limettenabrieb, Olivenöl und Frühlingszwiebeln mischen, mit Salz und Pfeffer würzen.
- Für die Wasabi-Creme Crème fraîche, Wasabi sowie den restlichen Limettensaft und die Limettenschale verrühren, mit Salz, Zucker und Pfeffer würzen.
- Zum Anrichten Metallringe und große flache Teller leicht ölen und die Ringe draufsetzen. Das Tatar in je einen Ring mit 5 cm Durchmesser füllen und leicht andrücken. Mit der Limetten-Wasabi-Creme bedecken und mit Lachskaviar garnieren.
- Je einen Rösti in die Tellermitte platzieren, das Tatar mithilfe einer dünnen Spachtel auf den Rösti setzten. Kräutersalat um das Tatar anrichten, mit Dressing beträufeln, vorsichtig den Metallring abziehen und sofort servieren.

MANUEL KERNTHALER

GETRÄNKE-TIPP

GRÜNER VELTLINER KREMSTAL DAC

Frische Säure, fruchtig-würziger Abgang, ideal zu Fisch

Alkoholfreie Alternative: Limetten-Lassi

GEDÄMPFTE BACHFORELLE AUF GRÜNEM SPARGEL AN EINER LIMETTEN-CURRY-SAUCE

Zutaten für 4 Personen

2 Filets von der Bachforelle
12 grüne Spargelstangen
1 Chilischote
2 unbehandelte Limetten
125 g Crème fraîche
50 g Zucker
Currypulver
50 ml Weißwein
Butterschmalz
Salz, Pfeffer

Zubereitung

- Die Bachforelle in einem Dämpfer garen, mit der geriebenen Schale von einer Limette, Salz und Pfeffer würzen.
- In einer Pfanne den Zucker karamellisieren lassen und die halbierte Limette darin anbraten. Curry einstreuen und mit Weißwein ablöschen. Limette aus der Sauce nehmen. Crème fraîche einrühren und abschmecken.
- Spargel in Butterschmalz braten, mit einer Chilischote parfümieren.
- Die gedämpfte Bachforelle auf dem Spargel anrichten, mit der Limetten-Curry-Sauce servieren.

GETRÄNKE-TIPP

GRÜNER VELTLINER SMARAGD
Konzentriertes Fruchtbouquet, würziger Pfeffer am Gaumen, frische Säure, vegetabile Nase

Alkoholfreie Alternative:
Grüner Tee mit Minze

EVA GLAWISCHNIG

GRATINIERTER GRÜNER SPARGEL AUF CARPACCIO VOM MARINIERTEN BACHSAIBLING

Zutaten für 4 Personen

600 g Bachsaibling (filetiert, mit Haut)
150 g Bergkernsalz
80 g Zucker
1 TL Senfkörner und Fenchelsamen
1 TL Pfefferkörner
Schale vom 1 Orange und 1 Zitrone (unbehandelte Bio-Ware)
etwas frischen Ingwer

Für den Spargel:

400 g dünner grüner Spargel (oder 12 Stangen dicker grüner Spargel)
1 TL Salz und Zucker, Pfeffer
2 EL Olivenöl
30 g Parmesan
4 EL Pinienkerne
2 EL Brösel
2 EL Erdnussöl, 1 EL helle Sojasauce
1 EL Balsamico-Essig
einige Blätter Minze und Basilikum

Zubereitung

- Pfefferkörner, Fenchelsamen und Senfkörner erwärmen und mit etwas Bergkernsalz, Ingwer und Zucker fein in einem Mörser mörsern. Orangen- und Zitronenabrieb sowie das restliche Salz und den Zucker mit der gemörserten Gewürzpaste vermischen. Die Hälfte der Mischung in einer flachen Form verteilen. Die Bachsaiblingsfilets mit der Haut nach unten darauf legen und mit dem Rest der Gewürzmischung bedecken. Mit Folie abdecken, leicht beschweren und ca. 24 Stunden im Kühlschrank marinieren lassen, dabei idealerweise nach 12 Stunden wenden.
- Den marinierten Saibling sorgfältig mit feuchtem Küchenpapier abwischen. Zum Servieren die Saiblinge ohne Haut in dünne Scheiben schneiden. Vom grünen Spargel die Enden abschneiden und etwas schälen, waschen und in Salz-Zucker-Wasser kernig blanchieren.
- Herausnehmen, abschrecken und abtropfen lassen. Spargel in einer mit 2 EL Olivenöl ausgestrichenen Auflaufform verteilen. Mit Salz und Pfeffer aus der Mühle würzen. Parmesan fein reiben. Pinienkerne in einer Pfanne ohne Fett hellbraun rösten.
- Parmesan auf dem Spargel verteilen. Mit Semmelbröseln bestreuen. Unter dem Grill im Backrohr bei maximaler Oberhitze 4–5 Minuten hellbraun und knusprig gratinieren.
- Beim Anrichten die Teller mit Erdnussöl bepinseln. Marinierte Saiblingsfilet-Scheiben drauflegen, mit Pfeffer und einer Mischung aus Erdnussöl, Sojasauce und Balsamico-Essig beträufeln. Gratinierten Spargel darauf setzen, mit Pinienkernen, Minze- und Basilikumblättern garnieren.

GETRÄNKE-TIPP

WEISSBURGUNDER

Elegantes Bukett und eine reife Säurestruktur, ein perfekter Speisenbegleiter

Alkoholfreie Alternative: Granatapfel-Limonade

MANUEL KERNTHALER

KALTE AVOCADOCREME MIT GETROCKNETEM PROSCIUTTO AN RUCOLA-PINIENKERNE-PESTO-BLÄTTERTEIGTASCHEN

Zutaten für 4 Personen

2 Avocados
3 EL geschlagenes Obers
1 Bund Koriander
Salz, Pfeffer
Saft von 1 Limette
10 Scheiben Prosciutto
1 Bund Basilikum
Olivenöl
50 g Parmesan
2 Knoblauchzehen
50 g Pinienkerne
1 großer Bund Rucola
1 Packung fertiger Blätterteig
2 Eidotter zum Bestreichen

Zum Anrichten:
Lauchsprossen

Zubereitung

- Die Avocados halbieren, Stein entfernen, Fruchtfleisch herauslösen und dieses pürieren. Geschlagenes Obers unterheben und mit gehacktem Koriander, einer gehackten Knoblauchzehe und Limettensaft würzen. Bis zum Servieren in den Kühlschrank stellen.
- Die Prosciutto-Scheiben auf ein Backblech legen und im Rohr bei 180 °C trocknen.
- Den Blätterteig in ca. 15 cm große Quadrate schneiden. Basilikum- und Rucola-Blätter mit Olivenöl und Knoblauch im Mörser zerstampfen. Die Masse auf die Blätterteigquadrate verteilen, mit Parmesan und Pinienkernen bestreuen und zu Taschen formen. Bei ca. 200 °C ca. 20 Minuten backen.
- Den restlichen Rucola mit einer Marinade aus Limettensaft, Pfeffer und Olivenöl anmachen.
- Die Avocadocreme in Gläser füllen und mit Lauchsprossen garnieren. Die Blätterteigtaschen auf dem marinierten Rucola-Salat anrichten.

EVA GLAWISCHNIG

GETRÄNKE-TIPP
ST. LAURENT THERMENREGION
In der Nase dunkle Beeren, Kirschen, feuchter Waldboden, am Gaumen fruchtige Noten

Alkoholfreie Alternative: Hollunderblütensaft

KALBSRÜCKENSTEAK MIT BRIOCHEFÜLLE, SPARGEL-RAGOUT MIT MORCHELN

Zutaten für 4 Personen

2 Kalbsrückensteaks à 300 g
500 g weißer Spargel
200 g gehackte Kräuter (Schnittlauch, Kerbel, Bärlauch, Petersilie, Estragon)
16 frische Morcheln (ersatzweise getrocknete Morcheln)
70 g Butterschmalz
150 g Brioche
1 Ei
130 g Obers
2 EL Honig
125 ml Obers
2–3 EL Walnussöl
150 g Butter
Stärkemehl (Kartoffelstärke oder Maisstärke)
Pfeffer, Salz

Zubereitung

- Brioche in 1 cm-Würfel schneiden, mit Kräutern, einem Ei und Obers mischen, mit Salz und Pfeffer abschmecken.
- In die Kalbsteaks seitlich mit einem scharfen Messer eine Tasche schneiden. Die Briochemasse einfüllen. Die Öffnung mit einem Zahnstocher verschließen und das Fleisch mit Frischhaltefolie/Brathülle und/oder Alufolie nicht zu fest umwickeln. In heißem Wasser oder im Dämpfer knapp unter dem Siedepunkt etwa 10 bis 15 Minuten garen.
- Den Spargel schälen und in Wasser (mit etwas Salz und 1 EL Zucker) nicht zu weich kochen. Danach herausnehmen, kurz in Eiswasser abschrecken, abtropfen und in Stücke schneiden.
- Die Morcheln durch ein Sieb abgießen und nochmals kurz durchwaschen. (Getrocknete Morcheln in Wasser einweichen, danach durchspülen.) Die Morcheln in einer Pfanne mit etwas Butter bei starker Hitze kurz durchschwenken, mit Salz und Pfeffer würzen.
- Die gegarten Steaks aus der Folie nehmen und in Butterschmalz bei nicht zu starker Hitze von beiden Seiten anbraten und mit Pfeffer und Salz würzen. Anschließend aus der Pfanne nehmen und warm stellen.
- Vom Spargelkochwasser ½ l Flüssigkeit etwas einkochen lassen, Obers zugeben und mit angerührter Stärke leicht binden. 3 bis 4 EL Butter und etwas Walnussöl in die Sauce mixen.
- Spargel in der Sauce erwärmen, auf vorgewärmten Tellern mit den Morcheln anrichten. Steaks tranchieren und auf den Spargel legen, mit einem Faden Honig überziehen und mit Frühlingskräutern garnieren.

MANUEL KERNTHALER

GETRÄNKE-TIPP

BLAUFRÄNKISCH BURGENLAND DAC

Vielschichtige Beerenaromen, samtige, weiche Tannine, dicht und füllig

Alkoholfreie Alternative: Alkoholfreie Sangria mit Traubensaft

MARINIERTE LAMMKOTELETTS AUF ERDÄPFEL-WASABI-PÜREE AN EINER TOMATENVINAIGRETTE

Zutaten für 4 Personen

8 Lammkoteletts
einige Zweige Minze
einige Zweige Thymian
1 Zweig Rosmarin
Olivenöl
3 Knoblauchzehen
etwas Wasabipaste
500 g Erdäpfeln (gekocht und geschält)
50 ml Schlagobers
2 EL Butter
Oregano
ca. 500 g Tomaten
Basilikum
Olivenöl
2–4 EL Honig
Weißweinessig
wenig Senf
Salz

Zubereitung

- Minze, Thymian, Rosmarin und Knoblauch fein hacken, mit Olivenöl verrühren. Die Lammkoteletts in die Marinade legen. Die gekochten Erdäpfel zerstampfen. Mit Obers und Butter verrühren, mit Wasabi, gepresstem Knoblauch und Salz abschmecken.
- Die Tomaten kurz in kochendes Wasser legen, danach kalt abschrecken, schälen und entkernen. Das Fruchtfleisch fein hacken und mit Basilikum, Oregano, Senf, Honig, Weißweinessig und Olivenöl marinieren.
- Die Lammkoteletts in einer heißen Pfanne beidseitig braten, im Backrohr bei 110 °C noch rasten lassen. Mit dem Erdäpfel-Wasabi-Püree sowie der Tomatenvinaigrette anrichten.

GETRÄNKE-TIPP

SAUVIGNON BLANC STK
Frische Säure, vegetabile Nase mit zarten Paprikatönen, ideal zu Fisch

Alkoholfreie Alternative:
Minze-Ingwer-Saft

EVA GLAWISCHNIG

KABELJAUFILET MIT ROLLGERSTEN-MINZE-RISOTTO

Zutaten für 4 Personen

600 g Kabeljaufilet
200 g Ingweröl
4 cl trockener Wermut (Noilly Prat)
100 ml Obers, 10 g Butter
50 g Apfel (mit Schale)
20 g Aubergine
20 g roter Paprika
50 g Gurke
Saft von $\frac{1}{2}$ Limette
4 Zweige Zitronenthymian
Salz, Pfeffer

Für das Rollgersten-Minze-Risotto:
40 g Knollensellerie
1 Zwiebel (oder 4 Schalotten)
1 EL Olivenöl und Butter zum Braten
1 Chilischote
1 Scheibe Ingwer
150 g Rollgerste
400–600 ml heißer Gemüsefond
150 ml Riesling
1–2 EL Minze
Bio-Zitrone, 50 ml Obers
50 g Butter, 30 g geriebener Parmesan
Salz, Pfeffer

Außerdem:
400 g Weinsauerkraut
$\frac{1}{2}$ l Rapsöl zum Frittieren
etwas Mehl und Paprikapulver zum Stauben

Zubereitung

- Kabeljau in Stücke schneiden, mit Ingweröl, Salz und Pfeffer würzen. Einen größeren Teller mit Ingweröl bestreichen und die Filets drauflegen. Zitronenthymian auf die Filets legen, mit Frischhaltefolie fest abdecken und kühl stellen.
- Apfel, Aubergine, Paprika (geschält) und Gurke in 1-cm-Würfel schneiden.
- Etwas Ingweröl in einer Pfanne erhitzen. Auberginen und Paprika anbraten. Apfel und Gurke dazugeben, durchschwenken und mit Wermut ablöschen. Obers zugeben, mit Butter und Limettensaft verfeinern, mit Salz und Pfeffer würzen.
- Die Kabeljaufilets auf dem Teller mit der Folie im auf 100 °C vorgeheizten Rohr 12–15 Minuten garen. Danach die Folie entfernen und die entstandene Flüssigkeit zum Gemüse geben.
- Knollensellerie und Zwiebel schälen und feinwürfelig schneiden. Öl und Butter in einem Topf erhitzen, Zwiebel und Sellerie darin andünsten. Rollgerste dazugeben und kurz mitdünsten, mit Riesling ablöschen. Nach und nach unter ständigem Rühren mit heißem Gemüsefond auffüllen und bissfest garen. Die Rollgerste sollte beim Nachgießen stets nur knapp mit Flüssigkeit bedeckt sein. Die ganze Chilischote und den Ingwer etwa 5 Minuten im gegarten Risotto ziehen lassen. Salzen und pfeffern, mit Obers, Butter und Parmesan abrunden. Zum Schluss die in feine Streifen geschnittene Minze und die geriebene Zitronenschale unterheben.
- Aus dem Sauerkraut die Flüssigkeit ausdrücken. Das möglichst trockene Kraut mit etwas Mehl und Paprikapulver stauben und in reichlich heißem Rapsöl goldgelb-knusprig frittieren (am besten in mehreren Tranchen). Mit einem Haarsieb herausnehmen, auf Küchenpapier abtropfen lassen.
- Graupen-Minze-Risotto auf vorgewärmte Teller anrichten. Das Kabeljaufilet drauflegen und mit dem frittieren Weinsauerkraut sowie der Gemüsesauce anrichten.

GETRÄNKE-TIPP

ZWEIGELT NEUSIEDLERSEE DAC
Feine Mischung aus Kirsch und Weichsel, würzig, fruchtig und vielschichtig in der Nase, volles Tannin

Alkoholfreie Alternative: Kräuterlimonade

MANUEL KERNTHALER

SALTIMBOCCA VOM SCHWEINSLUNGENBRATEN AUF MANGOLD MIT ROSMARINDUKATEN

Zutaten für 4 Personen

1 Schweinslungenbraten
25 g frischer Salbei
5 Scheiben italienischer Rohschinken
Salz, Pfeffer
1 kg Mangold
Butter, Olivenöl
6 Erdäpfel (festkochend, mittlere Größe)
getrockneter Rosmarin
ca. 100 g Mehl
2 Knoblauchzehen

Zubereitung

- Den Schweinslungenbraten in 4 bis 5 gleich große Stücke teilen, mit Pfeffer würzen und mit dem Rohschinken umwickeln.
- Den Mangold putzen, kurz in kochendes Wasser legen, danach kalt abschrecken.
- Die Erdäpfel schälen, in Scheiben schneiden und in kaltes Wasser legen. Das Mehl mit Rosmarin und Salz vermengen.
- Das Fleisch beidseitig in Butter und Olivenöl anbraten, dabei gegen Ende mit Salz würzen und die Salbeiblätter zugeben – im 180 °C heißen Rohr kurz rasten lassen.
- Die Erdäpfel in der vorbereiteten Mehlmischung panieren und in heißem Öl frittieren.
- Den Mangold und den klein geschnittenen Knoblauch in Olivenöl anschwitzen.
- Das Fleisch auf dem Mangold anrichten und mit den Rosmarindukaten servieren.

EVA GLAWISCHNIG

GETRÄNKE-TIPP

CHARDONNAY AUSLESE
Im Barrique gereift, füllig, mit sattem Schmelz und großer Dichte, Vanille- und Karamelltöne

Alkoholfreie Alternative:
Mango-Sorbet

KARAMELLISIERTER MANGO-ERDBEER-STRUDEL MIT MARZIPAN UND VANILLE-JOGHURT-EIS

Zutaten für 4 Personen

300 g Strudelteig
400 g Erdbeeren
3–4 reife Mangos
150 g Marzipan
170 g Kristallzucker
150 g gemahlene Mandeln
2 Bio-Limetten
1 Bund Minze
130 g Butter
Staubzucker

Für Vanille-Joghurt-Eis:
450 g griechisches Naturjoghurt
1 Bio-Zitrone (Saft und geriebene Schale)
60 g Staubzucker
2 EL heller Honig
2 Packungen Vanillezucker
1 Schote Vanille de Tahiti

Für die Zabaione:
125 ml Grüner Veltliner
3 Eigelb
50 g Zucker
Schale von einer halben Limette

Zubereitung

- Die Erdbeeren waschen und putzen. Die Mangos schälen und die Kerne entfernen. Erdbeeren und Mangos in kleine, exakte Stücke schneiden.
- Die Hälfte der klein geschnittenen Erdbeeren in einer separaten Schüssel beiseite stellen.
- Marzipan fein hobeln und mit dem Zucker, dem Abrieb und dem Saft der Limetten sowie der fein geschnittenen Minze zu den Früchten geben.
- Strudelblätter auseinanderklappen, mit zerlassener Butter bepinseln. Ein Strudelblatt darüber legen und ebenfalls mit zerlassener Butter bepinseln.
- Die gebutterten Strudelblätter in Quadrate (ca. 15 x 15 cm) schneiden. Die Fülle mit den gemahlenen Mandeln auf den Strudelteig geben und zu kleinen Strudeln einrollen, die Enden nach unten einschlagen.
- Ein Blech mit Backpapier belegen, die Strudel darauf legen und mit zerlassener Butter bepinseln. Im vorgeheizten Rohr bei 190 °C ca. 15 Minuten backen. Zum Karamellisieren die Strudel herausnehmen, kräftig mit Staubzucker bestreuen und nochmals für ca. 5 Minuten im Rohr backen.
- Alle Zutaten für das Eis glatt rühren. Die Masse für ca. 25 Minuten in die Eismaschine geben und cremig-fest frieren lassen. Das Eis in eine Plastikbox füllen, mit Backpapier abdecken und das Papier glatt streichen, damit sich keine Blasen bilden. Dann mindestens 2 Stunden fest werden lassen.
- Für die Zabaione Zucker, Eigelb und Veltliner mit Limettenabrieb verrühren. Anschließend über heißem Wasserbad zu einer schaumigen Masse aufschlagen.
- Ca. 140 g der verbliebenen klein geschnittenen Erdbeeren mit ca. 20 g Zucker pürieren. Restliche Erdbeeren mit Püree vermischen.
- Die karamellisierten Strudel mit dem Erdbeer-Ragout, dem Vanille-Joghurt-Eis und der Zabaione anrichten und mit Minze sowie Staubzucker garnieren.

GETRÄNKE-TIPP

TRAMINER BEERENAUSLESE
Feines Bukett nach Schokolade, Dörrfrüchten, mächtig und doch balanciert, cremige Frucht

Alkoholfreie Alternative:
Heiße Schokolade

MANUEL KERNTHALER

WARMES SCHOKOSÜPPCHEN MIT VANILLESCHAUM AN FLAMBIERTER MANGO

Zutaten für 4 Personen

200 g Zartbitterschokolade
70 ml Orangenlikör
Zimt
160 g Zucker
100 ml Milch
100 ml Schlagobers
2 Vanilleschoten
3 Eidotter
50 g Butter
250 ml Mangosaft
1 reife Mango
50 ml Weinbrand

Zubereitung

- Die Schokolade über Wasserdampf schmelzen, mit Wasser verdünnen und mit Orangenlikör, Zimt und ca. 50 g Zucker abschmecken.
- Die Milch mit dem Vanillemark aufkochen und abkühlen lassen. Schlagobers hinzugeben, mit ca. 60 g Zucker abschmecken. Die Flüssigkeit in einem Schneekessel mit den Eidottern über Wasserdampf schaumig aufschlagen.
- Mango schälen, halbieren, den Stein herausschneiden und das Fruchtfleisch in Stücke schneiden.
- Den restlichen Zucker schmelzen und Butter beigeben, mit Mangosaft ablöschen. Flüssigkeit einkochen lassen, dann das Mangofruchtfleisch zugeben. Weinbrand zugießen und erhitzen, dann flambieren.
- Das Schokosüppchen in tiefen Tellern oder Tassen mit Vanilleschaum und der Mango anrichten.

GETRÄNKE-TIPP

GRÜNER VELTLINER AUSLESE

In der Nase feine reife Früchte, kompakt und cremig, wunderbar balanciert, sehr lang und komplex

Alkoholfreie Alternative:
Obstsaft aus Himbeeren, Heidelbeeren und Äpfeln

EVA GLAWISCHNIG

KLEINE OBST-TARTE AN VELTLINER-ZABAIONE MIT JOGHURTSORBET

Zutaten für 4 Personen

1 fertiger Blätterteig (TK)
4–5 Äpfel (Elstar, Pink Lady)
100 g frische Himbeeren
100 g Heidelbeeren
150 g Butter
4–5 EL Kristallzucker
1 TL Vanillezucker
Zitrone, Zimt (gemahlen)

Zum Garnieren:
Minze und Staubzucker

Für das Sorbet:
250 g Joghurt
1 Becher Crème fraîche
1 unbehandelte Zitrone
60 g Staubzucker
1 Schote Tahiti-Vanille

Für die Veltliner-Zabaione:
125 ml Grüner Veltliner
3 Eigelb
50 g Zucker
1 Vanilleschote
½ Zitrone-Abrieb

Zubereitung

- Äpfel schälen, entkernen und in gleichmäßige Spalten schneiden. Anschließend mit etwas Zitronensaft beträufeln und beiseite stellen. Eine mittelgroße Pfanne großzügig mit kalten Butterscheiben auslegen und mit Zucker sowie Vanillezucker bestreuen. Die Apfelspalten dicht aneinander einlegen und mit Zimtpulver bestreuen.
- Die vorbereitete Pfanne mit den Äpfeln auf den Herd stellen und langsam goldbraun karamellisieren lassen. Anschließend die karamellisierten Äpfel mit etwas Karamell in kleine Tartinförmchen schlichten. Jeweils ca. 4 Himbeeren und Heidelbeeren dazugeben.
- Den gut gekühlten, aufgetauten Blätterteig auf einer bemehlten Arbeitsfläche ausrollen und in der Größe der Tartinförmchen – plus 2 cm größer als die Förmchen – ausstechen. Den Blätterteig über die Förmchen stülpen. Im vorgeheizten Backrohr bei 200 °C ca. 20 Minuten backen. Die Förmchen nach dem Backen sofort auf Teller stürzen.
- Joghurt mit geriebener Zitronenschale, dem Saft der Zitrone, Staubzucker, ausgekratztem Mark der Vanilleschote und der Crème fraîche glatt rühren und ca. 20 Minuten in der Eismaschine oder im Tiefkühler gefrieren lassen.
- Für die Zabaione Zucker, Eigelb und Veltliner mit Van llemark und Zitronenabrieb verrühren. Anschließend über heißem Wasserbad zu einer schaumigen Masse aufschlagen.
- Auf Tellern Zabaione mit einer Obst-Tarte und dem Joghurtsorbet anrichten, mit Minze, Staubzucker, Himbeeren und Heidelbeeren garnieren.

GETRÄNKE-TIPP

PINOT BLANC TBA

Die süße Fruchtigkeit gepaart mit feiner Säure unterstützt das Dessert.

Alkoholfreie Alternative:
Roter Beerensaft

MANUEL KERNTHALER

WARMES APFELTATAR MIT WEINSCHAUM-SAUCE, KARAMELLISIERTEN ERDBEEREN UND EINER DUNKLEN BEERENSAUCE

Zutaten für 4 Personen

6 Äpfel (würfelig geschnitten)
1 EL Zimt
ca. 100 ml Zitronensaft
ca. 100 ml Weinbrand
150 ml Honig
300 g Zucker
125 ml Weißwein
Eidotter
4 Erdbeeren
ca. 25 g Butter
1 l roter Beerensaft
100 ml Orangenlikör
100 ml Waldbeerenlikör

Zum Garnieren:
Heidelbeeren und einige Zweige Minze

Zubereitung

- Für die Marinade Zimt, Zitronensaft, Weinbrand, ca. 50 g Zucker, Honig verrühren. Die geschnittenen Äpfel beifügen und portionsweise in Alufolie packen.
- In einem Topf Butter erhitzen, 150 g Zucker zugeben und karamellisieren. Über die geputzten Erdbeeren gießen und auskühlen lassen.
- Beerensaft auf ca. ¼ l einkochen und mit Orangenlikör und Waldbeerenlikör abschmecken.
- Für die Weinschaumcreme Eidotter, 100 g Zucker und den Weißwein vermengen und über Wasserdampf schaumig aufschlagen.
- Die Tatar-Päckchen im Rohr bei 200 °C aufwärmen. Aus der Folie nehmen und das Apfeltatar auf Tellern mit der Weinschaumsauce, den Erdbeeren und der Beerensauce anrichten. Mit Heidelbeeren und Minze garnieren.

DIE KANDIDATEN
& alle Rezepte

HILDE KUSCHEY

Alex

WIE WAR'S?

„Ich habe schon vor 10 Jahren mit dem Andi gekocht, da ist es ein bisschen ruhiger angelaufen. Diesmal wollte ich mit Alex kochen, und beide sind sehr locker, auch reiferen Köchinnen gegenüber!"

Hilde kann kaum einer süßen Verführung widerstehen und ist leidenschaftliche Mehlspeis-Köchin. Vor allem Kekse jeder Art, aber auch die Klassiker wie Kaiserschmarrn oder Biskuit stehen auf dem täglichen Speiseplan. Das Geheimnis ihrer schlanken Linie ist schnell gelüftet: „Wir essen alle gerne Süßigkeiten, aber es schadet uns nicht, denn wir essen immer nur Kinderportionen und so bleiben wir schlank!"

So schlank und rank ist Hilde auch ein begehrtes Modell, läuft für kleine Boutiquen Modeschauen im Freundeskreis und macht auch auf dem Laufsteg eine gute Figur!

Zu ihrem 50. Geburtstag hat Hilde ihre musische Ader wieder entdeckt und für Freunde einen Klavierabend gegeben, als Überraschung, nachdem sie als Pianistin 25 Jahre pausiert hatte. Die Überraschung ist gelungen und seither veranstaltet sie einmal im Jahr einen großen Musikabend für Freunde und Bekannte, von Klassik bis Moderne. „Gemeinsames Musizieren ist die eleganteste Art, sich jung und geistig fit zu halten, denn die Wandlungsfähigkeit bleibt ein Leben lang erhalten ..."

KALBFLEISCHRÖLLCHEN MIT PROSCIUTTO UND SALBEI

Zutaten für 4–6 Personen

12 kleine Kalbsschnitzel à 50 g
12 dünne Scheiben Prosciutto
12 Salbeiblätter
$\frac{1}{8}$ l Weißwein
$\frac{1}{8}$ l Suppe
etwas Schlagobers
ev. etwas Bratensaft

Für die Fülle:

200 g Hühnerleber
150 g Zwiebel, 2 Knoblauchzehen
1 EL Petersilie
3 EL Parmesan, 100 g Gervais-Käse
Salz, Pfeffer, Öl

Für die Gnocchi:

250 g mehlige Kartoffeln (geschält, gekocht, gepresst)
1 Ei
50 g Grieß, 50 g Kartoffelstärke
Salz, Muskat

Zubereitung

- Leber putzen und klein schneiden. Zwiebel schälen und fein schneiden. Zuerst die Zwiebel, dann die gehackte Leber in Öl anrösten. Mit Salz, Pfeffer, gepresstem Knoblauch und gehackter Petersilie würzen und etwas abkühlen lassen. Später geriebenen Parmesan und Gervais untermengen.
- Die Kalbsschnitzel mit Salz und Pfeffer würzen, zwischen Frischhaltefolie klopfen, dann mit der Fülle bestreichen, einrollen und mit Prosciutto umwickeln. Die Rouladen in Öl anbraten, mit Wein und Suppe aufgießen und in etwa 30 Minuten weich dünsten. Etwas Bratensaft (oder Suppe) und Obers zugeben, kurz einkochen lassen. Zum Schluss die in Streifen geschnittenen Salbeiblätter zugeben.
- Die Röllchen mit der Sauce auf Tellern anrichten.
- Für die Gnocchi alle Zutaten vermengen und zu einem Teig kneten. Aus dem Teig Rollen formen und davon fingerdicke Streifen schneiden. In kochendem Salzwasser gar ziehen lassen.

MARCUS HALBIG

Alex

WIE WAR'S?

„Ich bin ja normal ein Einzelkämpfer, da war es sehr lustig, mal im Team zu kochen! Die Harmonie zwischen Andi und Alex ist sehr liebevoll, die zwei sind wie Brüder. Ich habe mich gefühlt wie der neue, lang ersehnte Halbbruder aus Amerika ..."

Er kann zaubern, im wahrsten Sinn des Wortes, denn Marcus ist Künstler, zog 15 Jahre als Straßenkünstler durch die Welt, spielte in Australien, Südafrika und der arabischen Welt und verzauberte als Jongleur sogar den Dalai Lama. Das Jonglieren hat Marcus bei einem Kinderzirkus gelernt, er gibt auch Jonglierkurse für Kinder, das fördert die Kreativität! Und weil auch seine Frau ein eigenes Kindertheater leitet, ist Marcus daheim der Jongleur am Herd, der täglich für seine Familie leckere Gerichte zaubern muss, wie den Beef-Salad-Wrap. Hat er früher als Straßenkünstler eher einfach gekocht, nach dem Motto „Alles in einen Topf", so bereitet er heute gerne kreative Eigenkompositionen zu. Berühmt ist sein Spezialgericht: Einmal in der Woche füllt Marcus einen Blätterteigstrudel mit allen Köstlichkeiten, die sich verwerten lassen. Der wird dann mit Käse überbacken und fertig ist Marcus' Spezialität: „Der Montagsbraten". Aber nicht nur in der Küche sucht Marcus die Herausforderung: Auf Festivals tritt er mit dem höchsten Einrad Europas auf, jongliert mit Kettensägen und lässt Feuerwerke aus seinem Kopf explodieren! Ein Künstler auf allen Ebenen ...

CHILI-BEEF-SALAT-WRAPS

Zutaten für 4 Personen

500 g Rindsfaschiertes
Salz, Pfeffer
Chili, Ingwer, Knoblauch
Fischsauce
Saft und Schale von 1 unbehandelten Limette
2 Frühlingszwiebeln
1 roter Paprika
1 Kopf kleiner, fester Romanasalat
bzw. einige Salatherzen
brauner Zucker
Sesamöl, Olivenöl

Für die Sauce:
1 EL brauner Zucker
Sojasauce
1 EL Sesamöl, 1 EL Olivenöl
1 TL Fischsauce
1 gelbe Chilischote
1 Limette
frischer Koriander

Zubereitung

- Chili, Ingwer, Knoblauch, Frühlingszwiebeln und Paprika klein schneiden.
- Vom Salat den Strunk abschneiden und die ganzen Blätter verwenden – sie sollen später kleine Schalen bilden.
- Für die Sauce braunen Zucker mit Sojasauce übergießen, dann mit Sesamöl, Olivenöl, Fischsauce, Limettensaft, Chili und gehacktem Koriander verrühren.
- In einer Pfanne etwas Olivenöl erhitzen und das Rindsfaschierte bei großer Hitze möglichst braun und kross braten, mit Salz und Pfeffer würzen.
- Danach das Öl abgießen und die Pfanne mit Küchenpapier auswischen. 1 Teelöffel Sesamöl darin erhitzen, etwas braunen Zucker karamellisieren und mit Limettensaft ablöschen. Paprika, den geschnittenen Chili, Knoblauch und Ingwer anbraten, danach das kross gebratene Faschierte zugeben. Mit etwas Fischsauce und frisch geriebener Limettenschale abschmecken. Zum Schluss die Frühlingszwiebeln kurz durchschwenken.
- Fleisch und Gemüse in zu „Schalen" geformten Salatblättern anrichten, die Sauce in einer separaten Schüssel servieren.

RUDOLF HASENBACHER

WIE WAR'S? (Alex)

„Ich hab mich auf mein Rezept konzentriert und Alex hat mich wunderbar unterstützt. Die Zusammenarbeit mit einem Tiroler ist ja für einen echten Wiener kein Problem! Nur der Teller zum Anrichten war zu klein, zu Hause nehme ich immer Pizzateller für die Blunzen und Leberwurst."

Rudolf ist nicht nur ein „Wiener Original", sondern als Koch auch ein Spätberufener: „30 Jahre hat meine Frau gekocht, dann hat sie gesagt, jetzt bist du dran." Mit dem Kochkurs, den ihm die Kinder schenkten, kam auch die Begeisterung, aber eher fürs Bodenständige, Wienerische. Unter dem Motto „Wie aus Großmutters Küche …" hat er das Rezept „Blunzen und Leberwurst" zusammengestellt. Schon seine Großmutter hat die Blunzen immer mit Grammeln gemacht: Sie war es auch, die ihm beibrachte, dass Salz, Pfeffer, Majoran, Zwiebel, Knoblauch und Paprika die Gewürze sind, auf die es ankommt!

Doch Rudolf liebt nicht nur das Bodenständige, er erweitert auch gerne seinen Horizont und dann zieht es ihn in ferne Ländern auf Entdeckungsreisen. So hat Rudolf den heiligen Berg Kailash in Tibet umrundet, was nach herkömmlicher Tradition bedeutet, dass man frei wird von seinen Sünden … In Afrika hat er schon zwei Mal den Kilimanjaro bezwungen und in Peru an einem Inka-Trail teilgenommen. Die Kochkünste eines einheimischen Koches sind Rudolf unvergesslich: „Der Koch hat sich jedes Mal extra umgezogen, in Kochmontur mit Haube, und hat mit einfachen Mitteln die herrlichsten Gerichte gezaubert." Da wird alles mitgenommen, Ofen, Tische, Sessel, Geschirr, sogar lebende Hühner: „Wenn das Huhn nicht mehr gegackert hat, dann wusste man, dass es jetzt am Teller liegt …"

DUETT VON BLUT- UND LEBERWURST

Zutaten für 4–6 Personen

500 g Blutwurst
500 g Leberwurst
2 Zwiebeln (fein gehackt)
500 g Kartoffeln (speckige Sorte, gekocht und geschält)
100 g Grammeln
Butterschmalz
Salz, Pfeffer
Majoran
Kren
3 Zehen Knoblauch
300 g Rote-Rüben-Salat

Zubereitung

- Die gekochten und ausgekühlten Erdäpfel grob reiben. In einer großen Pfanne etwas Butterschmalz erhitzen, die gehackten Zwiebeln darin leicht bräunen. Erdäpfel salzen, gut vermengen und zu den Zwiebeln geben. Die Erdäpfelmasse goldbraun braten und dann wenden.
- Blut- und Leberwurst häuten, in fingerdicke Scheiben schneiden. Die Wurstscheiben in zwei Pfannen (bzw. nach und nach) mit hoher Hitze in wenig Butterschmalz knusprig braten. Zur Blutwurst werden beim Braten die Grammeln beigegeben. Mit Salz, Pfeffer, Kren und Majoran würzen.
- Die Rösterdäpfel mithilfe von Ringen ausstechen, die gebratene Blut- und Leberwurst jeweils separat auf den Rösterdäpfeln anrichten und auf Tellern dekorativ platzieren. Mit dem Rote- Rüben-Salat anrichten, mit gerissenem Knoblauch und Majoran bestreut garnieren.

DORIS HEINRICH

HALB-FINALIST
*
Andi

WIE WAR'S?

„Ich war nicht nervös, es war sehr angenehm, ich hab mich gewundert, wie ungezwungen ich mich gegeben habe. Andi hat mir ein paar Mal Tipps ins Ohr geflüstert, es war eine sehr gute Kommunikation zwischen uns.
Im Halbfinale war dann natürlich mehr Anspannung da als beim ersten Mal, weil der Gedanke, weiterzukommen, im Vordergrund stand. Aber ich hatte einen würdigen Gegenspieler!"

Die angehende Fotografin Doris kocht nicht nur vorzüglich, sie fotografiert ihre Gerichte auch selbst, und vereint so künstlerisch beide Leidenschaften. Denn Doris betreibt seit einiger Zeit einen eigenen Koch-Blog, der sich in einem kleinen, feinen Fan-Kreis mittlerweile großer Beliebtheit erfreut! Aber nicht nur die fertigen Gerichte werden formschön präsentiert, Doris setzt auch die einzelnen Kochschritte gekonnt in Szene und möchte sich in Zukunft ganz auf Food-Fotografie konzentrieren.
Manchmal veranstaltet sie mit Freunden Motto-Kochabende oder private „perfekte Dinner". Da versucht die Perfektionistin auch für jeden Gast individuell das richtige Rezept zu finden. Ihre Vanillepudding-Schnecken genießen mittlerweile Kultstatus im Fan-Kreis ... „Essen darf nicht nach Kochbuch schmecken. Ich versuche, jedem Gericht meine persönliche Note zu geben." So persönlich wie ihre Fotos werden dann auch die Gerichte. Kochen hat für Doris etwas Meditatives: „Kochen ist wie Yoga für mich."

MINI-CUPCAKES MIT ZIEGENKÄSE, SCHARFEM MARILLEN-VANILLE-TOPPING UND SÜSSSAUREN KÜRBISKERNEN

Zutaten für ca. 16 Mini-Cupcakes

Für den Teig:
100 g glattes Mehl
20 g gemahlene Kürbiskerne
50 g zerlassene Butter, 2 ganze Eier
etwas Backpulver, Kräutersalz

Für das Topping:
3–4 Marillen, 1 Schalotte
½ mittelscharfe Chilischote
Butterschmalz, 1 Packung Vanillezucker
1 Vanilleschote, ev. etwas Honig
1 Spritzer Essig, Salz, 1 KL Stärkemehl

Außerdem:
50 g cremiger Ziegenkäse
einige Zweige Thymian
einige ganze Kürbiskerne

Zum Karamellisieren der Kürbiskerne:
ca. 10 g Zucker, 1 Packung Vanillezucker
ca. 5 g Salz, 1 Vanilleschote
2 Spritzbeutel mit kleiner Lochtülle

Zubereitung

- Zucker, Vanillezucker, Salz, ausgekratztes Vanillemark und etwas Wasser in einer Pfanne erhitzen, die Kürbiskerne zugeben und so lange rühren, bis die Masse etwas bräunlich wird. Auf Backpapier legen und auskühlen lassen.
- Die Marillen klein schneiden.
- Schalotte und Chili fein hacken und in einer Pfanne mit etwas Butterschmalz anbraten. Mit ein wenig Essig ablöschen und die ausgekratzte Vanilleschote, den Vanillezucker und die Marillen hinzugeben. Etwas Wasser zugießen und dick einkochen. Abschließend mit Salz, Essig und Honig abschmecken. Je nach Konsistenz mit etwas Speisestärke binden, dann kalt stellen.
- Für den Teig das Mehl mit Kürbiskernen, Backpulver und Kräutersalz mischen, das verquirlte Ei sowie die Butter hinzugeben.
- Den Teig mit einem Spritzbeutel in vorbereite Cupcake-Formen geben und im Rohr bei ca. 160 °C ungefähr 8 Minuten backen, danach auskühlen lassen.
- Cremigen Ziegenkäse mit wenig Thymian würzen, ebenfalls in einen Spritzbeutel geben und die Cupcakes damit verzieren.
- In der Mitte eine kleine Mulde frei lassen – in diese mit einem kleinen Löffel das Marillen-Topping füllen.
- Mit je einem gebrannten Kürbiskern und einem Thymianzweig garnieren.

FRANZ ZAUFALL

WIE WAR'S? Alex

„Andi und Alex sind so hilfsbereit. Es ist nicht so ein Lehrer-Schüler-Verhältnis, sondern man arbeitet mit ihnen auf Augenhöhe. Und wenn man dann auch noch Lob bekommt von einem Haubenkoch, dann ist das ein schönes Gefühl!"

Weil Mutter und Großmutter so gut gekocht haben, hat Franz seine Kindheit am liebsten in der Küche verbracht. Das hat sich bis heute wenig geändert, auch wenn ihm wochentags die Zeit für große Kochgelage fehlt. Dafür wird dann am Wochenende richtig aufgekocht, am liebsten Braten oder Überbackenes. So wie seine Kreation „Champignons Frutti di Mare", ein Lieblingsgericht der ganzen Familie. Franz gibt aber nicht nur in der Küche Gas, er hat auch ein rasantes Hobby: Er fährt leidenschaftlich gerne Kartrennen, nimmt an Teamrennen, aber auch an 24-Stunden-Rennen teil. Im Sommer fährt er sogar die „Austrian Outdoor Masters" und zum Spaß auch noch 2-Takt-Rennen am Pannoniaring in Ungarn.

Seine Frau Renate nimmt das gelassen, sie kennt ihren Franz schon seit 41 Jahren. Im Schönbrunnerbad lernten sie einander kennen und lieben. Renate hat auch noch eine Zwillingsschwester, doch Franz war sich immer sicher: „Auch Zwillinge können sehr unterschiedlich sein, aber das Herz entscheidet!" Seines schlägt seit vier Jahrzehnten für Renate.

CHAMPIGNONS FRUTTI DI MARE

Zutaten für 4 Personen

12 große Champignons
(noch besser Crèmechampignons)
ca. 250 g küchenfertig vorbereitete
Frutti di Mare (Meeresfrüchte, z. B. Garnelen,
ausgelöste Muscheln, Calamari,
alles klein geschnitten)
ca. 100 g Mozzarella
Butter und Öl zum Braten
ca. 250 g Cherrytomaten (oder
bunte Paprikamischung)
einige getrocknete Tomaten
2 Zehen Knoblauch
einige Zweige frisches Basilikum und Oregano
2 EL geriebener Parmesan
Salz, Pfeffer

Zubereitung

- Die Champignons putzen und die Stiele ausbrechen. Die entstandenen Hohlräume mit den Frutti di Mare ausfüllen und mit Mozzarella bedecken. Pfeffern, aber nicht salzen. In eine mit Butter ausgestrichene Auflaufform geben und im Rohr bei 200 °C ca. 20 Minuten garen.
- Die Cherrytomaten vierteln und mit klein gehacktem Knoblauch und getrockneten Tomaten in etwas Öl scharf anbraten. Salz und Kräuter hinzufügen. Die Tomaten nicht zerkochen. Auf den Tellern jeweils drei Champignons anrichten und die Tomaten mit geriebenem Parmesan und frischem Basilikum bestreuen.
- Dazu passt Toastbrot.

HEIDEMARIE KARNER

Andi

WIE WAR'S?

„Es ist sehr interessant, vor der Kamera zu stehen, man vergisst die Worte, die man sagen wollte ... Aber Andi überspielt das sehr schön und hilft einem weiter!"

„Mein Traumberuf wäre Zuckerbäckerin, aber ich hatte immer Angst, weil viele so dick sind ..." Heidemaries Spezialität sind die süßen Speisen: Backen ist Heidemaries große Liebe, Torten wie Schokoladentorten, Nusstorten, Malakofftorten, aber auch Topfenstrudel und Dukatenbuchteln ihre kulinarische Kür. „Frisch gekocht" heißt ihr Motto, oft genial einfache Gerichte, so wie ihre Hühnerleberpastete, die sie mit Bernsteingelee, einem hell schimmernden Gelee vom Saft der Vogelbeere, exquisit verfeinert.

Denn Zeit ist knapp im Leben der begeisterten Dressur-Reiterin, seit sie sich vor 12 Jahren gemeinsam mit ihrem Mann einen alten, hundertjährigen Bauernhof gekauft hat, den sie in liebevoller Kleinarbeit restaurierte und zu einem Reiterhof ausbaute. Jetzt leben vier Pferde auf Heidemaries Hof, drei österreichische Warmblüter und eine Norikerstute sowie drei Ponys, die sie vor dem Schlachthof gerettet hat. Früher hat sie selber Pferde gezüchtet, heute findet sie dafür jedoch keine Zeit mehr: „Das Anwesen ist sowohl ein Traum als auch ein Albtraum, da das große Grundstück sehr viel Mühe und Arbeit verlangt."

HÜHNERLEBERPASTETE MIT BERNSTEINGELEE

Zutaten für 4 Personen

ca. 700 g Hühnerleber
Öl
1 große Zwiebel
5 Knoblauchzehen
Majoran
Salz, Pfeffer
gehackte Petersilie
2 Semmeln (in Milch eingeweicht)
ca. 50 g zerlassene Butter
ca. 70 g Brösel
2 Eier
200 g Selchspeck (dünn geschnitten)
Orangenscheiben zum Garnieren

Für das Bernsteingelee:
1 kg Vogelbeeren (gefroren)
500 g Äpfel
500 g Gelierzucker
Majoran

Zubereitung

- Die klein geschnittene Zwiebel in Öl anschwitzen, Leber zugeben und mitbraten, mit Pfeffer, Majoran und Petersilie würzen. Nach halber Bratzeit vier schöne Leberstücke herausnehmen. Die Leber fertig braten, salzen und abkühlen lassen. Die eingeweichten Semmeln ausdrücken. Leber, Semmeln und geschälten Knoblauch faschieren, zerlassene Butter und Eier dazugeben und gut verrühren. Die Masse je nach Konsistenz mit den Bröseln festigen.
- Eine Pastetenform mit Speck auslegen und die Hälfte der Masse einfüllen, dann die Leberstücke in regelmäßigen Abständen einlegen und den Rest der Masse auffüllen. Mit Speck abdecken und im Rohr bei ca. 200 °C in einem Wasserbad ca. 1 Stunde garen. Herausnehmen, beschweren und abkühlen lassen. Mindestens 2 Tage im Kühlschrank stehen lassen.
- Für das Bernsteingelee Vogelbeeren und geschnittene Äpfel in etwas Wasser ca. 10 Minuten kochen, dann abseihen und den Saft mit Gelierzucker zu einem Gelee einkochen. Noch heiß in Gläser füllen, etwas Majoran einrühren und gut verschließen.
- Die Pastete aus der Form stürzen und jeweils zwei schöne Scheiben anrichten. Mit Orangenscheiben und Bernsteingelee servieren.

EBRU KARA

Andi

WIE WAR'S?

„Vor lauter Aufregung konnte ich gar nicht reden und habe mir nichts gemerkt, aber Andi hat sich für mich eingesetzt. Ich war so verwirrt, weil überall Kameras standen und auch weil meine Mama im Publikum saß. Es war ein Abenteuer für mich."

Die Kochkunst liegt bei Ebru in der Familie: Ihr Vater ist Chefkoch in einem persischen Restaurant in Wien und manchmal bringt er iranische Spezialitäten mit nach Hause, das liebt Ebru sehr. Auch der Bruder macht eine Kochlehre und Mama kocht sowieso am besten. Von ihr hat Ebru auch alles über die türkische Küche gelernt, so wie ihr Lieblingsrezept, die gefüllten Auberginen: „Das ist für mich das typische türkische Gericht!"
Weil Ebru bereits in Österreich geboren wurde, lebt sie quasi zwischen beiden Kulturen und engagiert sich sehr für Integration. In ihrer Freizeit spielt die HAK-Schülerin gerne in einer Schüler-Theatergruppe, und zwar sehr erfolgreich. Das Theaterspielen liegt Ebru am Herzen: „Man lernt andere Menschen und ihre Lebensweise kennen." Mit dem Theaterstück „It's my life", das von den verschiedenen Kulturen in einer Migrationsklasse erzählt, konnte ihre Theatergruppe bei einem österreichweiten Wettbewerb 70 verschiedener Schülergruppen sogar den 1. Preis erringen!

GEFÜLLTE AUBERGINEN

Zutaten für 4 Personen

2 Auberginen
3 Zwiebeln
2 Knoblauchzehen
300 g Faschiertes (gemischt: Lamm und Rind)
Fruchtfleisch von 4 Tomaten (würfelig geschnitten)
1 Handvoll schwarze Oliven (entkernt)
3 EL Tomatenmark
2–3 EL Ajvar
150 g Feta-Käse
Salz, Pfeffer
Rosenpaprikapulver
Öl zum Braten

Für die Beilage:
2 Gläser Langkornreis
8 Gläser Wasser
1 EL Pinienkerne
1 EL Knoblauch
1 EL Petersilie

Zubereitung

- Die Auberginen streifig abschälen und frittieren.
- Zwiebel und Knoblauch fein hacken. Zwiebel- und Knoblauchwürfel zusammen mit dem Faschierten in etwas Olivenöl anbraten. Salz, Ajvar, Tomaten, Oliven und Paprikapulver hinzufügen und mit etwas Wasser aufgießen.
- Die vorbereitete Aubergine einschneiden, in eine Auflaufform legen und mit dem Faschierten füllen. Anschließend mit Feta-Käse bestreuen und die Sauce in die Auflaufform gießen. Im Rohr bei 200 °C ca. 35 Minuten garen.
- Für die Beilage Pinienkerne in Olivenöl anrösten, Knoblauch, Petersilie und Reis hinzufügen, mit Wasser aufgießen und den Reis zugedeckt weich garen.

TATJANA PETKOVSKI

Andi

WIE WAR'S?

„Ich hatte Angst wegen der Sprache, vor Aufregung habe ich das Wort für Schnittlauch vergessen, aber Andi hat mich beruhigt und mir sehr geholfen!"

Tatjana würde gerne Moderatorin werden, seit knapp zwei Jahren studiert die gebürtige Serbin aus der Vojvodina in Wien Publizistik und Medienwirtschaft. Anfangs fiel es ihr schwer, Freunde zu finden, denn „die Österreicher sind verschlossener, die Serben sind lauter und offener, da schließt man schneller Freundschaft". Jetzt fühlt sie sich sehr wohl in Wien, weil es so vielfältig und so international ist, wie die Menschen, die hier leben.

Sie liebt die Wiener Küche, vor allem das Wiener Schnitzel und die Sachertorte: „Das ist ähnlich wie zu Hause in der Vojvodina, da ist auch so eine Völkervielfalt. Da findet man das Ungarische, Kroatische, Rumänische oder Slowakische auch in der Küche, so wie in Österreich."

Kochen gelernt hat sie bei Mama und Oma. Aber wirklich interessiert hat es sie erst in Wien, allein und auf sich selbst gestellt war das eine Notwendigkeit. Jetzt gibt die Mutter der Tochter Ratschläge via Skype und gemeinsam haben sie auch Tatjanas Rezept ausprobiert, den Pita Krompirusa, einen herzhaften Erdäpfelstrudel, sehr populär in Serbien. „Es ist nahezu das einzige serbische Rezept ohne Fleisch, denn in Serbien wird normalerweise sehr viel Fleisch gegessen!"

Mit einer würzigen Sauce ist es das ideale Essen, wenn Freunde kommen, für Partys und Feste oder einfach als „Schmankerl" für zwischendurch ...

PITA KROMPIRUSA

Zutaten für 4 Personen

12 Yufka-Teigblätter
2 große Zwiebeln
Öl zum Braten
1 kg mehlige Kartoffeln
Salz, Pfeffer
2 EL gehackte Petersilie
1 EL Paprikapulver
Salatblätter
ca. $\frac{1}{8}$ l saure Milch
$\frac{1}{4}$ l Sauerrahm
1 Bund Schnittlauch

Zubereitung

- In einer Pfanne Zwiebeln klein schneiden und in 3 EL Öl rösten. Die rohen Kartoffeln schälen und grob reiben. Mit gerösteten Zwiebeln, Salz, Pfeffer, Paprikapulver und gehackter Petersilie vermischen.
- 4 EL Öl mit 200 ml warmem Wasser verrühren.
- Pro Roulade werden drei Yufkablätter gebraucht. Jeweils zwei Yufkablätter auf einer Seite mit dem Öl-Wassergemisch bestreichen und aufeinander legen. Das dritte Blatt ohne Öl-Wasser-Mix auf die anderen beiden drauflegen. Darauf die Kartoffelmasse auftragen und einrollen.
- Die Rouladen auf ein mit Öl bestrichenes Backblech legen und im Rohr bei 220 °C 30 Minuten backen. Nach 20 Minuten Backzeit die Rouladen nochmals mit dem Öl-Wasser-Gemisch bestreichen.
- Für einen Dip Sauerrahm mit etwas saurer Milch verrühren. Schnittlauch klein hacken und dazugeben, mit Salz und Pfeffer abschmecken.
- Die Pita Kompirusa auf Salatblättern anrichten und mit dem Dip servieren.

THOMAS SAVERA

Andi

WIE WAR'S?

„Man sieht, dass das Sprichwort ‚Viele Köche verderben den Brei' nicht stimmt! Man spürt den Spaß und die Freude am Kochen jede Minute ..."

Er ist leidenschaftlicher Skipper, mit kleineren Reisegruppen segelt Thomas durch ganz Griechenland und mittlerweile liegt sein Boot auf St. Lucia in der Karibik. Sein Lieblingsrezept, Lachstatar an Avocadocreme, ist bei einer Atlantik-Überquerung entstanden, auf einer Regatta, wo Thomas 17 Tage lang sechs Segler zu verköstigen hatte. Da wurde jeden Tag frischer Fisch gefangen, filetiert und quasi vom Meer direkt auf den Teller serviert: „Es gibt keinen Sushi-Händler, der den Fisch frischer anbieten kann! Auf unseren Segel-Turns gibt es Atlantik-Lachs, Bonito, Thunfisch, alles, was das Meer zu bieten hat. Man kann wirklich köstlich essen, und jeder Segler ist stolz, das zu essen, was er gerade frisch gefangen hat."
Sein Zugang zum Kochen ist simpel, er zeigt, dass man auch mit einfachen Mitteln und wenig Platz köstliche Gerichte zubereiten kann. Über die Jahre sammelte Thomas viele Rezepte und möchte ein Kochbuch für Segler herausbringen: „Auch mit wenig Aufwand kann man hervorragend kochen."
„Wild gekocht" wird auch auf seiner Jagdhütte in Mariazell, die er mit zwei Freunden teilt. Da wird das selbst erlegte Wild dann auf einem alten Holzherd gemeinsam zubereitet: „Nach der Jagd kochen wir uns regelrecht nieder, denn jeder möchte den anderen übertreffen ..."

LACHSTATAR AN AVOCADOCREME

Zutaten für 4 Personen

600 g Lachsfilet
6 Frühlingszwiebeln
frische Kräuter (Koriander, Dille, Petersilie und Basilikum)
1 Limette, Sesamöl
Salz, Pfeffer
Zucker
1 TL Kapern

Zum Garnieren:
4 Cherrytomaten
4 Wachteleier
Dille

Für die Avocadocreme:
3 reife Avocados
4 EL Sauerrahm
gemahlener Kreuzkümmel
1 Limette, frischer Koriander
Salz, Pfeffer
etwas Tabasco

Zubereitung

- Lachsfilet in sehr kleine Würfel schneiden. Gehackte Frühlingszwiebeln untermischen. Mit Salz, Pfeffer und einem Schuss Sesamöl verrühren. Limettensaft, Kräuter und Kapern untermischen, nochmals abschmecken und im Kühlschrank durchkühlen.
- Für die Avocadocreme die Avocados halbieren, den Kern entfernen, das Fruchtfleisch mit einem Löffel auslösen und mit einer Gabel fein zerdrücken. Sauerrahm, Limettensaft, Kreuzkümmel und Koriander untermischen und mit Salz, Pfeffer und Tabasco abschmecken.
- In einem Vorspeisenring zuerst das Lachtatar, dann die Avocadocreme anrichten und mit einer Cherrytomate, den halbierten Wachteleiern und etwas Dille garnieren.

PETER TSCHERWIZEK

Alex

WIE WAR'S?

„Es war ein bisschen ungewohnt, in einer Live-Sendung zu kochen, aber sehr unterhaltsam. Ich habe wieder dazugelernt und Andi und Alex sind echt locker. Man fühlt sich wie ein VIP!"

Schon als kleiner Bub hat Peter gerne die Nase in Mutters Kochtöpfe gesteckt und der Hang zum Kulinarischen ist bis heute geblieben. Gerne entspannt er sich von seinem anstrengenden Job im Ministerium für Landesverteidigung und kocht daheim für die Familie. Was die Gattin einerseits erfreut, andererseits aber auch manchmal zu Konflikten führen kann, denn Peter ist ein Chaot und dementsprechend sieht dann auch die Küche aus .. Um sein kulinarisches Repertoire zu erweitern, sieht der Sicherheitsexperte regelmäßig Kochsendungen und sammelt Kochbücher, 250 bis 300 verschiedene Küchenratgeber werden es im Laufe der Zeit schon geworden sein, und wenn er Zeit hat, geht Peter auch gerne auf Flohmärkte und stöbert nach alten Kochbüchern. Am liebsten kocht er nämlich die traditionelle Wiener Küche nach alten Rezepten und im Sommer leichte und mediterrane Kost. Das Geheimnis seiner seit 33 Jahren glücklichen Ehe beschreibt der Gentleman so: „Eine Frau braucht bei mir nicht zu kochen, putzen und bügeln. Sie sollte nur ihre weibliche Seite ausspielen ..."

GEBACKENER CHILI-SPARGEL MIT ASIA-MAYONNAISE

Zutaten für 2 Personen

16 Stangen Spargel
400 ml Gemüsefond
2 Chilischoten
1 Stange Zitronengras
1 Limette (unbehandelte Schale)
½ TL Korianderkörner
1 Ei
50 ml Obers
200 g Panko-Mehl (ersatzweise Weißbrotbrösel)
50 g Mehl
Wasabi aus der Tube
Öl zum Backen
Salz, Prise Zucker

Für die Asia-Mayonnaise:
1 TL Senf
2 Eidotter
ca. 150 ml Öl
½ Chilischote
1 EL Sojasauce, ½ EL Oystersauce
½ EL eingelegter Ingwer, Salz, Pfeffer
1 Limette (unbehandelte Schale)
etwas Koriandergrün, 1 Knoblauchzehe

Zubereitung

- Die Limetten in Scheiben schneiden. Den Spargel waschen, schälen und an den Enden mindestens 2 cm wegschneiden. In einem Topf mit Dämpfereinsatz den Gemüsefond mit den klein geschnittenen Chilischoten, angedrücktem Zitronengras, Limettenscheiben und Korianderkörnern aufkochen. Die Spargelstangen in den Dämpfeinsatz legen und bei geschlossenem Deckel nicht zu weich garen. (Oder den Spargel im parfümierten Gemüsefond nicht zu weich kochen.) Anschließend den Spargel auf Küchenpapier abtropfen lassen.
- Das Obers leicht anschlagen und mit dem Ei verquirlen, danach das Wasabi gleichmäßig einrühren. Die Spargelstangen zuerst in Mehl wenden, dann durch das verschlagene Ei ziehen und in Panko-Mehl wenden. Die panierten Spargelstangen in reichlich Öl goldgelb backen, danach auf Küchenpapier abtropfen lassen und leicht salzen.
- Für die Asia-Mayonnaise Senf und Eidotter verrühren. Das Öl unter ständigem Rühren langsam zugeben und zu einer cremigen Mayonnaise aufschlagen, mit Salz und Pfeffer würzen. Chili und Knoblauchzehe fein würfeln. Koriandergrün und Ingwer hacken. Die Schale der Limette abreiben und den Saft auspressen. Chili, Knoblauch, Koriandergrün, geriebene Schale und Saft der Limette, Sojasauce, Oystersauce und Ingwer zu der Mayonnaise geben, verrühren und bis zum Servieren kalt stellen.

ILSE GSELLMANN

Alex

WIE WAR'S?

„Es war schrecklich, ich war so nervös, aber das Publikum hat mir gratuliert.
Vom Gefühl her, von der Harmonie war es schön, eine gute Erfahrung, wenn man sieht, was man sich zutraut."

Schon als kleines Mädchen war Ilse ein typisches „Wirtshauskind", aufgewachsen zwischen Küche und Schank. Naturgemäß hat sie schon früh kochen gelernt, was ihr heute sehr zugutekommt, hat Ilse doch in ein großes Weingut in Gols eingeheiratet, wo es jede Menge Arbeit gibt. Das 18 Hektar umfassende Familienweingut Matthias & Ilse Gsellmann liegt am nordöstlichen Rand des Neusiedler Sees und erstreckt sich über die Toplagen der Gemeinden Gols, Ungerberg, Halbturn und Jois. Ilse ist verantwortlich für Marketing, Verkauf und das Büro und betreut auch die Verkostungen. Sie ist eine viel beschäftigte Frau, die auch in der Küche immer sehr gefordert wird, denn sie kocht täglich für ihre Familie und alle Arbeiter, die am Weingut beschäftigt sind, burgenländische Hausmannskost.
Manchmal betreut sie auch den Heurigen bei Bällen in der Hofburg, kocht und organisiert gemeinsam mit ihren Freundinnen. „Das macht mir sehr viel Spaß, ist aber auch viel Arbeit."
Und zu großen Wein-Festen, wie Weinfrühling oder Martini-Loben, serviert sie ihren Gästen gerne die „Golser Grammelpogatscherln", eine alte Golser Spezialität, die hervorragend zu den ausgezeichneten Golser Weinen passt!

GOLSER GRAMMELPOGATSCHERL

Zutaten

1 kg Speck zum Auslassen
(sollte 500 g Grammelschmalz ergeben)
1 kg glattes Mehl
⅛ l Sauerrahm
⅛ l Weißwein
4 Eidotter
Salz, Pfeffer
1 Würfel Germ
1 EL Kristallzucker
¼ l Milch
1 versprudeltes Ei zum Bestreichen

Zubereitung

- Für den Teig die Germ in etwas lauwarmer Milch auflösen. Etwas Mehl und Zucker einrühren und das Dampfl an einem warmen Platz ca. 30 Minuten rasten lassen.
- Den Speck in kleine Würfel schneiden, in einen Topf geben und mit der restlichen Milch erhitzen (so bleiben die Grammeln weiß) und den Speck bei mittlerer Hitze so lange braten, bis das Fett ausgelassen ist.
- Mehl und Grammelschmalz mit den Fingern zerbröseln, den Rahm, die Eidotter, das Dampfl sowie Weißwein, Salz und Pfeffer zugeben, mit den Händen verkneten und erneut gehen lassen.
- Teig ausrollen, kleine runde Formen ausstechen und nochmals gehen lassen, diese mit Ei bestreichen und im Rohr bei 180–200 °C 15 bis 20 Minuten backen.

EDITH KESTLER

Andi

WIE WAR'S?

„Es war eine sehr lockere, entspannte Atmosphäre, kochen wie zu Hause, nur dass die beiden Assistenten jünger waren als mein Mann ..."

Sie malt gerne, Aquarelle, Acryl und Seidenmalerei, denn Edith ist ein sehr intuitiver Mensch, holt sich ihre Inspirationen gerne von einer ihrer vielen Reisen. Mit ihren Bildern hat sie sogar schon eigene Ausstellungen veranstaltet. Sie ist nicht nur als Malerin kreativ, sondern auch als Köchin: „Ich probiere gerne aus, weil ich gerne etwas Besonderes zaubern möchte, mit Pfiff, wie meine exotischen Hühnerrollen." Seit Edith in Pension ist, hat sie viel mehr Zeit zum Kochen, davor war die Niederösterreicherin 40 Jahre als Kindergärtnerin tätig und hatte sich in den letzten 16 Jahren ihren Lebenstraum erfüllt, ihren eigenen Montessori-Kindergarten zu leiten. Mit ihren Kindergartenkindern hat Edith regelmäßig gekocht, Salate zubereitet, Kekse gebacken und Torten verziert: „Den Kleinen hat das Spaß gemacht und es hat ihre Kreativität gefördert." Seither genießt sie es, mit ihrem Mann Gourmetreisen zu machen, die Vielfalt fremder Küchen zu erleben, denn auf gutes Essen wird in der ganzen Familie viel Wert gelegt. Der nächste Urlaub wird die Kestlers nach Kanada und in die USA führen: „Wir haben schon nach guten Restaurants gegoogelt, um sicher zu sein, dass wir auch im Urlaub gut essen ..."

ORIENTALISCHE HÜHNERROLLEN

Zutaten für 4 Personen

4 Hühnerfilets
2 feste Bananen (nicht zu reif)
Masala
Öl und Butter zum Anbraten
½ l Hühnersuppe
3 EL Crème fraîche
frischer Koriander
250 g Basmatireis
Salz
1 roter Paprika (kleinwürfelig geschnitten)
2 Bananen
1 EL Butter
geröstete Mandelblättchen
abgeriebene Schale einer halben unbehandelten Zitrone

Zubereitung

- Die Hühnerfilets in einer Marinade aus Öl und 1 EL Masala-Gewürz ca. 1 Stunde marinieren. Danach die Schnitzel mit je einer halben Banane füllen und das Fleisch mit einer Rouladenklammer fixieren. Die Bananen sollten komplett vom Fleisch bedeckt sein und nicht hervorragen, weil sie sonst beim Garen zu weich werden würden.
- Fleisch in einem emaillierten Gusseisentopf in einem Öl-Butter-Gemisch anbraten und mit der Hühnersuppe aufgießen. Im Rohr bei 190 °C oder am Herd bei kleiner Hitze zugedeckt ca. 25 Minuten garen.
- Zum Schluss die Sauce mit fein gehacktem Koriander sowie Crème fraîche verfeinern.
- Reis nach Packungsvorschrift kochen. Die Paprikastücke 5 Minuten vor Ende der Kochzeit zugegeben.
- Die Bananen schälen, längs halbieren und in Butter anbraten, mit den gerösteten Mandelblättchen bestreuen.
- Roulade in Scheiben schneiden und mit dem Reis, der Sauce und den gebratenen Bananen anrichten, mit etwas Zitronenschale vollenden.

HANS RAINER

Alex

WIE WAR'S?

„Das Duo ist sensationell! Ich habe mich ausgesprochen gut gefühlt und war bestens betreut von Alex. Der ist ein feiner Kerl, der hat so eine edle Note ... Es war fast wie daheim. Wenn ich zu Hause koche, da stehen auch alle Leute in der Küche, schauen in die Töpfe und trinken und tratschen!"

Mit Franz Klammer ist Hans – „Häsi" – schon seit seiner Zeit als Gymnasiast befreundet. Franz Klammers Onkel hatte nämlich ein kleines Espresso in Villach, und Hans, schon als Bub ein leidenschaftlicher Angler, kam oft nach dem Fischen in das kleine Lokal, um hier in einer winzigen Küche seine selbst gefangenen Fische zu braten. So begann nicht nur eine lebenslange Freundschaft mit Franz Klammer, sondern auch die Kochkarriere von „Häsi" Rainer.

Berühmt ist der ehemalige Journalist für seine Fischsuppe. Im Laufe der letzten 13 Jahre ist das spezielle Rezept dieser Suppe entstanden. Er wurde immer ein wenig verbessert und verfeinert, bis vor fünf Jahren dem Kochkünstler endlich der große Wurf gelang, nun ist die Fischsuppe perfekt.

Das kulinarische Highlight für seine Freunde ist jedes Jahr der Karfreitag-Abend: Dann kocht Häsi ein Menü rund um seine Fischsuppe für 40 bis 50 Leute. Allein die Zubereitung seiner Suppe dauert zwei ganze Tage.

Franz Klammer hat in einer Talkshow in Japan einmal vor laufender Kamera gesagt, dass ihm „Häsis Fischsuppe besser schmeckt als Sushi", und das macht Hans Rainer natürlich sehr stolz.

FISCHSUPPE

Zutaten für 4 Personen

2 Saiblinge
4 geräucherte Forellenfilets (ohne Haut)
Gemüsemix (klein gewürfelt – 4 Karotten, 2 Kartoffeln, 1 Sellerieknolle, 2 Zucchini)
etwas Liebstöckel, 1 Knoblauchzehe
1 Bund Petersilie (gehackt)
kalte Butterstücke (zum Braten und Montieren)
1 Glas Sherry, etwas Weißwein
etwas Safran, Salz, Pfeffer, Öl

Zum Garnieren:

1 Bund Dille (fein gehackt)
Obers (in der Siphonflasche)
einige Blüten

Für den Fischfond:

Zitronenöl, 4 Schalotten
1 Suppengrün, Liebstöckel
Lorbeerblatt, Wacholderbeeren
250 ml Riesling, 500 ml Hühnersuppe
1 Stück geräuchertes Forellenfilet
Hickory-Salz

Zubereitung

- Für den Fischfond die Fische filetieren. Die Filets für die spätere Zubereitung beiseite legen. In einem Topf die Karkassen (ohne Kopf und Schwanzflosse) mit in Zitronenöl angedünsteten Schalotten, klein geschnittenem Suppengrün, Liebstöckel, Lorbeerblatt und Wacholderbeeren mit Riesling und etwas Hühnersuppe aufkochen. Nach einigen Minuten die Karkassen herausnehmen. Den Fond mit einem Stück geräuchertem Forellenfilet und Hickory-Salz etwa eine Stunde köcheln lassen.
- Den Gemüsemix in etwas Öl anbraten, Knoblauch, Petersilie und Liebstöckel zugeben. Mit Wein und trockenem Sherry aufgießen, mit etwas Safran abschmecken und etwa 15 Minuten köcheln lassen. Den Fischfond zugießen und mit dem Stabmixer pürieren.
- Die Saiblingsfilets in etwas Butter braten, danach die Haut abziehen. In tiefen Tellern gebratenen Saibling und Räucherforellenfilet einlegen und mit der Suppe übergießen. Mit Dille, Obershäubchen, Safran und Blüten garnieren.

LORE HOLLER

HALB-FINALIST
★
Alex

WIE WAR'S?

„Es war traumhaft, ein unvergessliches Erlebnis für mich, die Angst war gleich weg, Andi und Alex und das ganze Team waren so nett.
Beim Halbfinale habe ich mein ganzes Herz hineingelegt, hab mit Liebe gekocht und habe wie daheim beim Kochen gesungen. Ich freue mich, wenn meine Enkerln das im Fernsehen sehen!"

Sie kocht wirklich mit Liebe und eigentlich wäre Köchin ja Lores Traumberuf gewesen. Am liebsten verwöhnt die Steirerin natürlich ihre drei Enkerln, die „Schleckermäulchen". Ihr „Steirerpfandl", das sie selbst kreiert hat, ist der erklärte Favorit der Familie: „Weil's so bunt ist und so grün wie die Steiermark." Wenn es um ihre geliebte Steiermark geht, dann ist Lore Patriotin, fährt sogar bis in die Schweiz zur zahlreichen Verwandtschaft, um die Lieben dort mit einem steirischen Tag kulinarisch zu verwöhnen. Und dann gibt's natürlich Sterz und Kernöl und alles, was die grüne Mark zu bieten hat. Für die Schweizer ist das jedes Mal ein Fest der Sinne ...

Wer Leidenschaft lebt, der beschränkt sich nicht nur auf die Küche. Und so hat Lore auch ein einzigartiges Hobby, das sie mittlerweile schon in alle Winkel dieser Erde gebracht hat – zumindest auf der Landkarte. Die gelernte Schneiderin sammelt nämlich seit vielen Jahren – Fingerhüte. Begonnen hat es mit einem „Mitbringsel" ihrer Nachbarn, einem Fingerhut vom Nordkap, mit dem Motiv des Nordlichts. Da hat sie die Sammelleidenschaft gepackt und mittlerweile ist Lore stolze Besitzerin von mehr als 600 Fingerhüten aus allen Teilen der Welt.

Wenn Lore sich besonders freut, dann singt sie gerne steirische Lieder: „Wenn mein Mann mich singen hört in der Küche, dann sagt er ‚Gell Lore, heut gibt's wieder ganz was Gutes' ..."

GEEISTE MELONENSUPPE MIT KOKOS-BANANEN-PUDDING

Zutaten für 4 Personen

Für die Suppe:
600 g Zuckermelone
250 ml Weißwein, 125 ml Wasser
Saft von 2 Orangen, 250 ml Orangensaft
125 ml Obers

Für den Pudding:
3 Eiklar
20 g weiche Butter, 50 g Staubzucker
3 Eidotter
ca. 120 g Bananen, 80 g Kokosflocken
Saft und Schale von ½ Orange
200 ml Milch
40 g glattes Mehl
Fett und Zucker für die Formen

Zum Garnieren:
Melonenspalten und Melissenblätter

Zubereitung

- Die klein geschnittene Melone in einem Wasser-Wein-Fruchtsaft-Gemisch 3 bis 5 Minuten kochen, danach pürieren, wenn nötig nachsüßen, mit Obers verfeinern und kalt stellen.
- Eiklar steif schlagen, Butter mit Zucker und Dotter schaumig rühren. Bananen zerdrücken, mit Kokosflocken, Milch, Mehl, Orangensaft sowie Orangenschale vermengen und unter die Dottermasse rühren. Danach den Schnee unterheben. Diese Masse in gefettete und gezuckerte Dariolformen füllen und in einem Wasserbad bei 180 °C ca. 30 Minuten garen.
- Kokos-Bananen-Pudding in der geeisten Melonensuppe anrichten, mit Melonenspalten und Melissenblättern garnieren.

MICHAEL GOIDINGER

Alex

WIE WAR'S?
„Was mich überrascht hat, ist, dass alles so zackig zugeht, so rasch abläuft. Die Atmosphäre war sehr entspannt, Alex und ich, zwei Tiroler, das war ein Heimspiel ...“

„Ich muss ja nicht kochen, ich darf!“ Michael liebt es, für seine große Familie daheim in Stams zu kochen. Es ist sein schönstes Hobby, der Baumeister genießt die Entspannung in der Küche. Die Tipps und Tricks hat ihm sein Großvater beigebracht, der früh verwitwet den studierenden Enkel in die kulinarischen Geheimnisse der Selbstversorger eingewiesen hat. Kochkurse an der Volkshochschule erweiterten später die kulinarischen Fähigkeiten des Architekturstudenten. Michaels große Kinderschar mag am liebsten Papas Tiroler Knödel und seine Frau liebt die asiatische Fischsuppe, die er einst, frisch verliebt, eigens für sie „komponiert“ hatte – ohne zu wissen, dass die Angebetete keinen Fisch mochte. Seither ist sie bekehrt, jetzt liebt sie beide ... Das jüngste seiner sechs Kinder tritt schon eifrig in Vaters kulinarische Fußstapfen, sein Sohn ist der „Patissier“ in der Familie, hat Michaels kreative Ader geerbt und verwöhnt seine Lieben mit perfektem Mousse au Chocolat und anderen süßen Begehrlichkeiten.
Würde Michael nicht als Baumeister ein Autohaus, ein Architekturbüro und eine Baufirma leiten, so wäre Koch seine zweite Berufswahl gewesen: „Als Architekt entwerfe ich Gebäude und in der Küche kreiere ich Gerichte ...“

ASIATISCHE NUDELSUPPE („LAKSA“)

Zutaten für 4 Personen

Für die Paste:
2 Chilischoten, 20 g geriebener Ingwer
5 Schalotten, 1 Knoblauchzehe
3 Stiele Zitronengras, 1–2 TL Gelbwurz
Limettensaft, 1 EL Garnelenpaste
Erdnussöl, Pfeffer, Salz

Für die Suppe:
500 ml Fischfond, 500 ml Kokosmilch
thailändische Fischsauce (Nam Pla)
1 Limette (unbehandelt)
1 EL Erdnussbutter, frischer Koriander
3 EL geriebener Palmzucker
5 Zitronenblätter

Für die Einlage:
3 Stangen Sellerie, 2 Karotten
1 roter Paprika, 4 Frühlingszwiebeln
einige Austernpilze
200 g Fisch (z. B. Wolfsbarsch, Seeteufel, Drachenkopf, Seezunge, Garnelen)
Asia-Nudeln (Reisnudeln)

Zubereitung

- Für die Paste Chilischoten, Ingwer, Schalotten, Knoblauch, Zitronengras, Gelbwurz, Limettensaft und Garnelenpaste im Mixer pürieren. Dabei langsam ca. 2 EL Erdnussöl zugießen, bis eine Paste entsteht. Etwas Erdnussöl erhitzen und die Paste unter ständigem Rühren anrösten (darf nicht anbrennen). Wichtig: Die Schärfe nimmt mit dem Röstvorgang ständig zu!
- Den Fischfond, die Kokosmilch, Zitronenblätter und Erdnussbutter zugeben und 30 Minuten köcheln lassen.
- Das Gemüse putzen, in mundgerechte Stücke schneiden und in die Suppe geben. Fisch und Garnelen zuputzen und kleiner schneiden, in der Suppe mitkochen. Mit Limettensaft, Limettenschale, Fischsauce und Palmzucker abschmecken und kurz aufkochen.
- Die Asia-Nudeln in einer großen Schale mit lauwarmem Wasser ca. eine Stunde einweichen, danach herausholen und ablängen (= kürzer schneiden).
- Die Nudeln in Tellern mit der Suppe, dem Gemüse und dem Fisch übergießen und mit frisch gehacktem Koriander garnieren.

BRIGITTE SCHERR

WOCHEN SIEGER
★
Alex

WIE WAR'S?

„Es hat so viel Spaß gemacht, ich habe mich wie in einer Familie gefühlt, so herzlich aufgehoben. Alex war immer an meiner Seite und hat mir Sicherheit gegeben. Mein Kochauftritt ist wie ein Film abgelaufen!“

In Brigittes Leben dreht sich alles um den Wein. Als Burgenländerin liebt Gitti nicht nur die kräftigen Rotweine des Seewinkels, sondern kocht auch sehr gerne mit den fruchtigen Weißweinen des Burgenlandes. Das sind dann Gerichte, bei deren Namen einem schon das Wasser im Mund zusammenläuft, wie beispielsweise beim „beschwipsten Freilandschwein“. Aber auch in ihrer berühmten Brotlasagne darf ein Achterl Grüner Veltliner nicht fehlen: „Da wird der Teig lockerer und der Geschmack herzhafter!“ Und natürlich schwimmt in ihrem Lieblingsrezept „Feurige Fischsuppe vom Zander“ auch der Fisch im Wein!

Aber Gitti kocht nicht nur mit Wein, sie malt auch mit Rotwein, genauer gesagt mit Zweigelt. Bei einem Malkurs hat sie gelernt, mit Spachtelmasse Bilder zu gestalten, und sich gedacht: „Wenn man mit Farben malen kann, warum nicht auch mit Wein?“ Kurz entschlossen hat sie einen Liter Zweigelt gekocht, einreduziert, damit er dichter und dunkler wird, und mit einer Prise Acrylbinder war die Weinfarbe perfekt ... So perfekt, dass Gitti mittlerweile schon Ausstellungen gestaltet und die Nachfrage nach ihren Weinbildern wächst und wächst.

FEURIGE FISCHSUPPE VOM NEUSIEDLERSEE-ZANDER

Zutaten für 4 Personen

500 g Zanderfilet (in 1 cm-Streifen)
Sonnenblumenöl, Salz, Pfeffer, etwas Zitronensaft

Für den Fischfond:
500 g Zanderstücke, 500 g Karpfenstücke
1 Stangensellerie
1 Lauchstange, 1 Petersilienwurzel
1 Karotte, Pfefferkörner, Salz, 1 Lorbeerblatt
$^{1}/_{16}$ l Riesling, 1 $^{1}/_{2}$ l Wasser

Für die Suppe:
Sonnenblumenöl
2 Jungzwiebeln, 1 roter Paprika
1 gelber Paprika, 4 getrocknete Paradeiser
1 EL Chili-Paprikapulver, Salz, 1 EL Dinkelmehl
$^{1}/_{8}$ l Riesling, 2 EL Crème fraîche
1 EL gehackte Petersilie zum Bestreuen

Für die Safran-Nockerln:
100 g Dinkelmehl
4 Safranfäden (in $^{1}/_{8}$ l Wasser aufkochen, ziehen und auskühlen lassen)
Salz, etwas Sonnenblumenöl

Zubereitung

- Für den Fischfond Zander- und Karpfenstücke, Stangensellerie, Lauchstange, Petersilienwurzel, Karotte, Pfefferkörner, Salz, Lorbeerblatt in Riesling und Wasser 30 Minuten köcheln, danach abseihen.
- Die Paprikaschoten in feine Streifen schneiden, einige Streifen für die Garnierung beiseite legen. In Sonnenblumenöl die fein geschnittenen Jungzwiebeln, die Paprikastreifen und die klein geschnittenen getrockneten Paradeiser anrösten. Chili-Paprikapulver zugeben und mit Dinkelmehl stauben. Mit dem Riesling ablöschen und mit dem Fischfond aufgießen. Salzen und die Suppe ca. 20 Minuten köcheln. Danach mit dem Stabmixer passieren und mit Crème fraîche abschmecken.
- Das in Streifen geschnittene Zanderfilet salzen, pfeffern und mit Zitronensaft beträufeln. In Öl auf der Hautseite anbraten, dann wenden und kurz rasten lassen. Die Haut abziehen und warm stellen.
- Für die Garnierung die Paprikastreifen kurz in heißem Sonnenblumenöl anbraten und mit den Zanderstücken in der Suppe servieren. Für die Safran-Nockerln Dinkelmehl, Salz, Öl und Safranwasser vermengen. In kochendes Salzwasser kleine Nockerln einkochen.
- Die Suppe in tiefen Tellern anrichten, mit den Zanderstreifen und den Safran-Nockerln als Einlage servieren.

CHRISTINE LIST

Andi

WIE WAR'S?

„Mir hat es sehr gefallen. Wir waren wie eine Familie, es war, als ob ich zu Hause gekocht hätte. Die zwei sind lustig, ich bin auch eine lustige Person, wir haben schon beim Vorbereiten der Nierndln, beim Putzen, viel Spaß gehabt!"

Man könnte sagen, Christine ist eine Köchin aus Passion: „Ich koche ununterbrochen, alles, was der Gemüsegarten hergibt, und wenn ich nicht koche, dann backe ich für meine Familie." Ihre Lieblingsrezepte sind die alten, traditionellen Rezepte, die überlieferte Bauernküche, die hat Christine noch von ihrer Großmutter gelernt: „Einen echten Kartoffelteig machen oder eingebrannte Erdäpfel mit Majoran, das kann heute kaum noch jemand, diese alten Rezepte sterben mit den alten Köchinnen aus ..."

So wie ihre „Nierndln mit Hirn": „Wenn früher am Land abgestochen wurde, dann hat man alles vom Schwein oder Rind verwertet, das ist heute nicht mehr so alltäglich." Manchmal steht auch Wild auf Christines Speiseplan, denn ihr Cousin ist Jäger und bringt ab und zu einen selbst erlegten Hasen vorbei, der dann gebeizt und gebraten zum richtigen Festessen für die ganze Familie wird.

Wenn Christine nicht in ihrer geliebten Küche steht, dann geht sie gerne mit ihrem Mann auf Reisen und fährt in ferne Länder, wie heuer nach Mexiko. Da holt sie sich gerne kulinarische Anregungen für zu Hause, schaut fasziniert in fremde Kochtöpfe und versucht dann, die exotischen Gerichte mit den entsprechenden Gewürzen nachzukochen.

„Ich würde gerne einmal in Hauben-Restaurants in der Küche den Sterne-Köchen über die Schulter schauen ..."

NIERNDLN MIT HIRN

Zutaten für 4 Personen

600 g Nieren
400 g Hirn (beides entweder vom Schwein oder vom Kalb)
Essig
2 Zwiebeln
Salz, Pfeffer
Majoran
Mehl

Für die Salzkartoffeln:

8 mittelgroße speckige Erdäpfel
Salz

Zubereitung

- Das Hirn in lauwarmes Wasser einlegen. Die Nieren kurz in Essigwasser legen und aufschneiden, verbliebene Sehnen und Adern entfernen. Blättrig schneiden und auf Küchenpapier legen.
- Die Zwiebeln hell rösten, dann die Nieren zugeben und durchrösten. Etwas Mehl einstreuen und mit Majoran und Pfeffer würzen. Mit Wasser aufgießen und noch etwas dünsten. Zum Schluss das geputzte und klein geschnittene Hirn zugeben und kurz garen, erst jetzt salzen.
- Die Erdäpfel in Salzwasser kochen und mit den Nierndln und dem Hirn anrichten.

GABY HÖLLWARTH

HALB-FINALIST
★
Alex

WIE WAR'S?

„Es war eine Gaudi, wie man in Tirol sagt, die Tiroler verstehen sich immer und Alex und ich, also zwei Tiroler in Wien, das muss ja gut gehen. Aber auch im Halbfinale war es aufregend, daran gewöhnt man sich nie! Obwohl der Wettergott fast meinen Auftritt verhindern wollte, hab ich es mit dem Flugzeug doch geschafft, pünktlich in Wien zu sein ..."

Die gebürtige Zillertalerin kocht oft und gerne für Familie und Freunde typische Zillertaler Gerichte wie „Zillertaler Krapfen" oder die „Zillertaler Ofenleber", ein traditionelles Hochzeitsgericht, eine Mischung aus verschiedenen Innereien, faschiert und gewürzt, im Schweinsnetz im Ofen gebraten.
Wenn sie nicht gerade in der Küche steht, dann geht Gabi gerne Bergwandern, die Berge hat sie ja direkt vor der Haustür. Und als echte Tirolerin ist sie natürlich auch bei der Bergwacht und sorgt für die Erhaltung der Natur, damit die Halbschuhtouristen nicht die letzten Edelweiß und andere seltene Pflanzen plündern. Und damit die Tiroler Almen auch als letztes Stück unverbrauchter Natur erhalten bleiben, hat Gabi auch ein wachsames Auge darauf, dass die Wanderer keine Müllberge hinterlassen oder sich ein reicher Bau-Tycoon plötzlich den Traum vom Eigenheim mitten auf der Alm erfüllt!
Aber ab und zu zieht es Gabi auch ans Meer, nach Griechenland, da holt sie sich dann Anregungen, um die Tiroler Küche auch ein wenig mediterran zu erweitern ...

JAKOBSMUSCHELN MIT KOKOS-VANILLESAUCE, BASMATIREIS UND ZUCKERSCHOTEN

Zutaten für 4 Personen

20 Jakobsmuscheln (küchenfertig vorbereitet)
2 EL gehackte Petersilie
Olivenöl und Butter zum Braten
Salz, Pfeffer

Für die Sauce:
340 ml Fischfond
250 ml Kokosmilch
1 Vanilleschote, etwas Stärkemehl
Salz, Pfeffer

Außerdem:
200 g Basmatireis
300 g Zuckerschoten
Butter, Salz, Pfeffer

Zubereitung

- Den Basmatireis je nach Sorte gemäß der Anleitung auf der Packung kochen.
- Für die Sauce Fischfond und Kokosmilch aufkochen lassen, das Mark der Vanilleschote zugeben und ca. 10 Minuten ziehen lassen. Mit Stärkemehl binden, mit Salz und Pfeffer würzen.
- Die Zuckerschoten kurz in kochendem Wasser blanchieren, mit dem Schaumlöffel herausnehmen und eiskalt abschrecken. Vor dem Servieren in etwas Butter anschwitzen, mit Salz und Pfeffer abschmecken.
- Die Jakobsmuscheln in einer Mischung aus Olivenöl und Butter 2 bis 3 Minuten braten, mit Salz, Pfeffer und gehackter Petersilie würzen.
- Die Jakobsmuscheln mit Kokos-Vanillesauce, Basmatireis und Zuckerschoten auf Tellern anrichten.

WOLFGANG KOFLER

Andi

WIE WAR'S?
„Ich war ja schon vor 10 Jahren mit dabei, diesmal war es lässig, mit den beiden zu kochen. Ich habe allerdings die Vornamen verwechselt, eigentlich wollte ich mit dem Tiroler kochen, aber mit dem Wiener, dem Andi, hat es auch viel Spaß gemacht!"

Wer hat schon sein persönliches Kochbuch? Seit drei Jahren arbeitet Wolfgang gemeinsam mit seiner Freundin an einer Sammlung alter Familienrezepte, 160 Seiten hat sein „Saures Kochbuch", auch das „Süße Kochbuch" mit 80 Seiten ist bald fertig. „Wir machen das für unsere Familien, gestalten die Seiten Schritt für Schritt, fotografieren die Speisen, unsere Mütter und uns selbst beim Kochen."
Auch mit seinen Schülern kocht der engagierte Lehrer sehr gerne, da wird gemeinsam ein Menü erstellt, von der Einkaufsliste bis zur Zubereitung alles von den Jugendlichen selbst geplant und dann mehr oder weniger professionell auf den Tisch gezaubert.
Wolfgang ist ein Globetrotter, hat schon die halbe Welt erkundet, von China über den asiatischen Raum nach Thailand, Südamerika, Brasilien, Argentinien bis nach Australien haben ihn seine Reisen geführt. Besonders fasziniert haben ihn die kleinen Garküchen in Asien, mit ihren köstlichen vegetarischen Gerichten. Und von überall hat er seine Lieblingsrezepte mitgenommen, die er zu Hause für Freunde, aber auch mit seinen Schülern nachkocht. „Dann versuche ich, den Kindern auch das jeweilige Land näherzubringen, seine Geografie, Geschichte und Kultur!"
Wie köstlich kann Unterricht doch sein ...

MELANZANIAUFLAUF

Zutaten für 4 Personen

4 mittelgroße Melanzani
2 Dosen passierte Tomaten
250 g Kirschtomaten
2 Zwiebeln
3 Zehen Knoblauch
Suppenpulver
2 Kugeln Mozzarella
100–150 g geriebener Parmesan
frisches Basilikum
Olivenöl, Salz, Pfeffer
Evtl. Weißbrot

Zubereitung

- Gehackte Zwiebeln und Knoblauch in einer Pfanne in heißem Olivenöl anschwitzen.
- Die geviertelten Kirschtomaten dazugeben, mit den Dosentomaten aufgießen. Mit Suppenwürfel und Pfeffer abschmecken und auf kleiner Hitze zugedeckt mindestens 20 Minuten (je länger, desto besser) köcheln lassen.
- Die Melanzani in fingerdicke Scheiben schneiden, auf ein Backblech legen, salzen und mit Olivenöl beträufeln. Im auf 200 °C (Heißluft) vorgeheizten Rohr in ca. 30 Minuten goldgelb backen.
- Eine Auflaufform einölen und mit den Melanzani- und Mozzarellascheiben, der Tomatensauce und Basilikumblättern schichtweise befüllen. Zum Schluss geriebenen Parmesan darüber streuen, mit Olivenöl beträufeln und etwa 30 Minuten im Rohr garen. Danach nochmals 15 Minuten rasten lassen. Mit Weißbrot servieren.

Tipp: Wem das Rezept zu vegetarisch ist, der kann in den Auflauf Prosciutto einschichten.

JULIANA SCHWANZER

Alex

WIE WAR'S?

„Es ist so angenehm, mit Alex und Andi zu kochen, weil man mit ihnen so schön ‚blödeln' kann. Ich habe weder die Kameras noch die Zuseher bemerkt, weil ich damit beschäftigt war, meine Scampi und das Risotto am Punkt zu kochen. Vor lauter Aufregung habe ich aber Zwiebel und Knoblauch verwechselt und hab dann einfach ‚Zwieblauch' gesagt ..."

July ist ein Genussmensch, kreativ, spontan und voller Leidenschaft. Als musischem Menschen liegt ihr die Leidenschaft für Musik und Tanz im Blut, seit Kindesbeinen spielt July Klavier und mit traumwandlerischer Leichtigkeit hat sie sich in die Gold-Star- und Diamant-Liga getanzt: „Tanz ist eine großartige Symbiose von Bewegung und Körpergefühl, man lernt sich dabei selbst kennen ..."

Wer so gern genießt, der experimentiert auch gern ein wenig, was sich auch in Julys Kochstil niederschlägt. Weil Mama zwar sehr gut kocht, aber mit begrenztem Repertoire, hat sie schon in der Schule ihre ersten eigenen Kreationen versucht: „Das war manchmal echt genial, aber manchmal halt nicht ..." Die italienische Küche liebt sie: „Ich esse wahnsinnig gerne Nudeln, Pasta in allen Variationen, deswegen erfinde ich oft meine eigenen Nudelgerichte." Was natürlich auch gut zum eher knappen Studentenbudget passt, so wie Julys Lieblingsgericht, Sekt-Risotto mit gebratenen Scampi: „Das ist köstlich einfach, schnell zubereitet und man kann damit seine Freunde und seinen Liebsten überraschen ..."

Und wenn sie ab und zu das Fernweh überfällt, dann packt July spontan ihre Koffer: „Ich kann nicht lange an einem Ort bleiben, dann zieht es mich weg!" Auf zu neuen Ufern und die eigenen Grenzen mal wieder erweitern ...

SEKT-RISOTTO MIT GEBRATENEN SCAMPI PICCANTE À LA JULY

Zutaten für 4 Personen

8 Riesengarnelen
Erdnussöl
1 Knoblauchzehe
2 frische Chilischoten
Salz, Pfeffer
1 Schuss Sekt

Für das Risotto:

400 ml Sekt
2 EL Erdnussöl
70 g Jungzwiebeln (weißer Teil)
20 g Butter
400 g Risottoreis
2 g Safran
750 ml Gemüsefond
Salz, Pfeffer

Zubereitung

- Das Erdnussöl erhitzen und die Scampi darin scharf anbraten. Knoblauch und Chili klein schneiden, zugeben und mitrösten. Mit einem kräftigen Schuss Sekt ablöschen und die Sauce etwas köcheln lassen.
- Die Jungzwiebeln fein schneiden, in Erdnussöl und Butter anschwitzen. Risottoreis hinzufügen und glasig dünsten. Etwa ¾ vom Sekt hinzufügen. Aufkochen lassen und unter häufigem Umrühren nach und nach den Gemüsefond zugießen. Den Reis rund 20 Minuten bei schwacher Hitze bissfest garen. Dann den Safran unterrühren, mit Salz und Pfeffer abschmecken.
- Mit dem restlichen Sekt verfeinern und mit den gebratenen Scampi und der Sauce servieren.

MARIA PENNAUER

Andi

WIE WAR'S?

„Ich war total entspannt. Mit Andi zu arbeiten, war nicht anders, als wenn mein Mann mir in der Küche hilft!"

Es war die große Überraschung zu ihrem 40. Geburtstag, als ihre besten Freundinnen Maria für den „Kochchampion" angemeldet haben. Dass sie dann auch wirklich Kandidatin wurde, liegt an ihrer Überzeugungskraft, denn Maria ist Köchin aus Leidenschaft: „Es ist eine Faszination, wenn man aus verschiedenartigen Zutaten etwas Geniales schaffen kann."

Kochen ist für Maria ein lebendiges Experiment: „Es ist nichts Starres, einmal nimmt man dieses Gewürz zu einem Gericht, dann jenes und es schmeckt jedes Mal anders."

Besonderen Wert legt die Mutter zweier Töchter auch auf die saisonale und regionale Küche. Ihre Töchter sollen lernen, „dass Erdbeeren nicht im Dezember wachsen". Zu Hause pflegen sie gemeinsam den kleinen Gemüsegarten und so wachsen die Mädchen auch mit dem Wissen um die Abläufe der Natur auf. Aber auch Kultur ist Maria ein Anliegen, mit fünf anderen „Mädels" hat sie einen eigenen Kultur-Verein gegründet, „Apropos Kultur 4 Carnuntum", wo sie gemeinsam zahlreiche Veranstaltungen, Konzerte, Kabaretts oder Kinderprogramme organisieren. Auch da regiert die Fantasie, so wie beim Kochen: „Am Anfang steht ein Paradeiser und am Ende ein geniales Gericht ..."

KARTOFFELSTRUDEL MIT KÜRBISGEMÜSE

Zutaten für 4 Personen

Für den Kartoffelstrudel:

1 Zwiebel
1 Zehe Knoblauch
100 g Frühstücksspeck
2–3 Essiggurkerln, 2 Pfefferoni
5–6 große Kartoffel (mehlige Sorte, gekocht)
100 g geriebener Käse
1 Becher Crème fraîche
2 EL Grammelschmalz
Salz, Pfeffer
1 EL gehackte Petersilie
1 Rolle fertiger Blätterteig
zerlassene Butter

Für das Kürbisgemüse:

1 Zwiebel
2–3 Tomaten
1 grüner Paprika
1 kg geraspelter Kürbis
Schlagobers und Mehl zum Binden
Salz, Pfeffer
⅛ l Weißwein, Öl

Zubereitung

- Für die Strudelfülle klein gehackte Zwiebel, Knoblauch und Speck im Grammelschmalz anbraten. Geschnittene Essiggurkerln und Pfefferoni kurz mitbraten, mit den gekochten und gepressten Kartoffeln abmischen. Geriebenen Käse und Crème fraîche unterheben, mit Salz, Pfeffer und gehackter Petersilie würzen.
- Auf einem Tuch den Blätterteig auflegen, die Masse auf dem unteren Drittel auftragen und den Strudel einrollen, Enden verschließen, Oberfläche mit zerlassener Butter bestreichen. Im Rohr bei 180 °C in ca. 30 Minuten goldbraun backen.
- Für das Kürbisgemüse gehackte Zwiebel, gewürfelte Tomaten und den geschnittenen grünen Paprika in etwas Öl anrösten. Den gehobelten Kürbis zugeben, mit Weißwein und etwas Wasser aufgießen und kurz weich dünsten. Mit Salz und Pfeffer würzen, mit Schlagobers und eventuell auch etwas Mehl binden.

FRITZ DIMMEL

Andi

WIE WAR'S?

„Wir haben einmal ein Video gedreht für eine Hochzeit, eine Parodie von Andi und Alex. Aber in Wirklichkeit sieht das dann ganz anders aus ... Ich war so beschäftigt, dass ich gar nicht mitbekommen habe, wie Alex kocht. Aber Andi war ein super Küchenhelfer, und eines der schönsten Dinge war, dass ich die Pfeffermühle werfen durfte!“

Die Kochleidenschaft hat Fritz völlig unerwartet auf einer Party erfasst, als er einfach nur Würstel kochen sollte, aber alle zerplatzt sind: „Da hat mich der Ehrgeiz gepackt und ich habe mir gedacht, dass kann ich besser!" Einige Kochkurse später ist Fritz zum kreativen Koch mutiert und probiert gerne Neues aus, holt sich Anregungen in Kochshows und inszeniert zu Hause „Perfect dinners" mit Freunden.

Seine größte kulinarische Herausforderung war ein Gala-Diner für 40 Personen, um für die Pfadfinderjugend ein Ferienlager zu finanzieren. Da hat Fritz mit anderen Köchen in einer engen, kleinen Pfadfinder-Küche ein 5-gängiges Menü gezaubert, dass Top-Köchen alle Ehre gemacht hätte.

Für spontane Gäste bereitet Fritz gerne seinen berühmten Flammkuchen zu: „Auch wenn man nichts im Kühlschrank hat, kann man aus Zwiebel und Schinken einen perfekten Snack auf den Tisch bringen."

Kreativ und experimentierfreudig ist Fritz allerdings nicht nur in der Küche, sondern auch auf der Bühne. Als Keyboarder spielt Fritz mit seiner Band bei Events, Hochzeiten oder Geburtstagen auf und da hat er mindestens ebenso viel Erfolg wie als Hobbykoch.

ZWEIERLEI FLAMMKUCHEN

Zutaten für 4 Personen

Für den Teig (pro Backblech):
200 g glattes Mehl
100 ml lauwarmes Wasser
Salz, 1 Schuss Olivenöl

Für Belagvariante 1:
1 kleine Stange Lauch
50 g Prosciutto
2 EL Sauerrahm (oder Crème fraîche)
Salz, Pfeffer

Für Belagvariante 2:
2 EL Sauerrahm (oder Crème fraîche)
1 kleiner Zucchino
10 Cocktailtomaten
½ Paprika
½ Stange Lauch
Salz und Pfeffer

Zubereitung

- Für den Teig Mehl, Salz, Wasser und Olivenöl verkneten und einige Minuten rasten lassen.
- Danach den Teig 1–2 mm dünn ausrollen und auf ein mit Backpapier ausgelegtes Backblech legen.

Variante 1: „klassisch"

- Schinken und Lauch in kleine Streifen schneiden. 2 gehäufte Esslöffel Sauerrahm (oder Crème fraîche) dünn auf den ausgewalkten Teig auftragen. Salzen und pfeffern und dann den Schinken und Lauch darüber streuen.

Variante 2: „vegetarisch"

- 2 gehäufte Esslöffel Sauerrahm (oder Crème fraîche) auf den ausgerollten Teig dünn auftragen, salzen und pfeffern. Zucchino in dünne Streifen schneiden, Cocktail-Tomaten in Scheiben schneiden. Paprika klein würfeln, Lauch in dünne Streifen schneiden. Das gesamte Gemüse gleichmäßig auf dem Teig verteilen.

- Den Flammkuchen im auf 270 °C vorgeheizten Rohr bei Oberhitze oder Grillfunktion in 8 bis 10 Minuten knusprig backen.

ANDREAS SCHMID

WIE WAR'S? Alex

„Es war eine lustige, tolle Erfahrung. Ich habe gemerkt, dass ich bei meinem Gericht noch viele Dinge verbessern kann. Andi und Alex waren sehr locker, Alex hat mir sehr geholfen, ich habe viel von ihm gelernt. Ich war auch nicht extrem nervös, sondern wie bei einer Prüfung im Studium ..."

Kochen hat Andreas erst in Wien gelernt, bei seinem Auslandssemester an der FH Wien. Allein auf sich gestellt, fernab der mütterlichen Kochtöpfe musste er sich selbst versorgen und auf der Suche nach einfachen, gesunden Rezepten hat den Schweizer dann der Ehrgeiz gepackt: „Wenn schon kochen, warum nicht gleich gut kochen!"
Seine Freundin Romy hat ihm einen Kochkurs geschenkt, jetzt verwöhnt er sie mit eigenen Kreationen, am liebsten aus der Pasta-Küche.
Was der Schweizer Student aber besonders in Wien vermisst, ist der traditionelle Sonntagszopf: Denn in der Schweiz isst man am Sonntag einen Butterzopf zum Frühstück, den Andreas üblicherweise einen Tag vorher kauft. Da er aber in Wien nichts Vergleichbares finden konnte, der „Striezel" ist ihm zu süß, versuchte er sich selbst als Bäcker. Das Resultat, nach Großmutters Geheimrezept, war noch besser als der gekaufte Zopf in der Schweiz: „Wenn man es schon selber macht, dann nach dem besten Rezept!"
Seither ist aus dem Sonntagszopf eine richtige Sonntagstradition geworden, Andreas steht jetzt jeden Sonntag um 9 Uhr auf, backt einen geflochtenen Zopf und überrascht seine Freundin mit einem Stück Heimat zum Frühstück ..."

TAGLIOLINI MIT LACHS

Zutaten für 4 Personen

800 g Lachsfilet (breites Stück, ohne Haut)
500 ml Schlagobers
1 Bund Schnittlauch (fein geschnitten)
250 g Weichweizenmehl (normales glattes Mehl)
250 g Hartweizenmehl
5 Eier
250 ml Crème fraîche
Salz, Pfeffer
edelsüßes Paprikapulver
Olivenöl

Zubereitung

- Weichweizenmehl und Hartweizenmehl in einer Schüssel mischen. Die Eier mit etwas Mehl-Gemisch verquirlen. 3 EL Olivenöl dazugeben und alles mit dem Mehl vermischen. Die Masse kräftig zu einem festen Teig kneten. Den Teig in mehreren Portionen mit der Nudelmaschine zu langen Rechtecken ausrollen. Diese Stücke in ca. 25 cm lange Rechtecke schneiden. Nun diese kurzen Rechtecke zu Tagliolini (dünne Bandnudeln) schneiden. Die Tagliolini etwa 1 Minute in Salzwasser kochen. Herausnehmen, abtropfen lassen und in eine warme Pfanne legen. Dabei etwas kochendes Salzwasser in die Pfanne geben, damit die Teigwaren nicht zusammenkleben.
- Den gehäuteten Lachs in etwa 4 gleich große Stücke schneiden und anschließend in eine eingefettete hitzefeste Form geben. (Die Form sollte so gewählt werden, dass der Lachs mit dem Schlagobers gerade knapp bedeckt wird.) Schlagobers in einem Messbecher mit dem Schnittlauch, Salz, Pfeffer und wenig Paprika würzen und vermischen. Schlagobers über den Lachs gießen. Im auf 200 °C vorgeheizten Rohr 10 Minuten garen. Danach die 4 Lachsstücke aus der Form holen und mit einer Gabel in kleine Stücke trennen.
- Schlagobers mit der Crème fraîche in einer Pfanne aufkochen, mit Salz und Pfeffer abschmecken. Die Sauce mit den Tagliolini vermischen und mit dem Lachs auf Tellern anrichten.

ANITA BRUNNER

Alex

WIE WAR'S?

„Jederzeit wieder! Es war einfacher, als man sich das vorstellt. Ich war total relaxt, wie wenn man daheim in der Küche steht, mit Alex als Tiroler war's total vertraut, schon allein die Sprache! Alex hat zu mir gesagt, ich soll so reden, wie mir der Schnabel gewachsen ist …"

Durch ihren Beruf als Drogistin war Anita schon früh an Ernährung interessiert. In ihrer Lehrzeit kam gerade Tofu neu auf den Markt, als getrocknete Würfel, die angeblich genauso gut wie ein echtes Gulasch schmecken sollten. Doch die Geschmacksprobe war ernüchternd: „Das war wie wenn man in einen Schwamm hineinbeißt, keine Spur von echtem Rindsgulasch!"
Die 250 Kochbücher zu Hause hat sie alle schon gelesen, was Anita auf eine ausgefallene Idee brachte: Sie schreibt ihr eigenes Kochbuch, denn: „In den normalen Kochbüchern findet man maximal 10–15 Rezepte, die man gerne nachkocht. Ich mache ein Kochbuch für Familien mit sehr einfachen, relativ schnellen Gerichten zum Selbermachen."
Eine besondere Erfindung sind die Schokokörbchen. Dabei wird ein Luftballon aufgeblasen, dann die Unterseite mit heißer Schokolade bestrichen, dann erkalten lassen. Dann die Luft aus dem Ballon auslassen und fertig ist das Schokokörbchen. So einfach und genial das Rezept auch scheint, so hat es doch seine Tücken. Denn – die Schokolade darf nicht zu heiß sein …
Bei Anitas erstem Versuch mit heißer Schokolade zerplatzte der Luftballon und die Schokolade verstreute sich in kleinen Stücken in der ganzen Küche. Und die sah dann aus wie ein „Streuselkuchen".

SPINATKNÖDERLN MIT GORGONZOLASAUCE

Zutaten für 4 Personen

500 g passierter Spinat
250 g Brösel
½ Zwiebel
Öl
2 EL glattes Mehl
3 Eier
Salz, Pfeffer, Muskatnuss
1 größeres Stück Gorgonzola (oder Österzola) zum Füllen und für die Sauce
1 Becher Obers

Zubereitung

- Zwiebel fein schneiden und in etwas Öl anschwitzen. Zwiebel mit passiertem Spinat, Bröseln, Mehl, Eiern, Salz, Pfeffer und Muskantnuss zu einem Teig kneten und kurz rasten lassen.
- Gorgonzola in Stücke schneiden. Von der Knödelmasse kleine Stücke abtrennen, diese jeweils mit einem Käsestück belegen und Knödel formen. Die Knödel ca. 20 Minuten heißem Wasser ziehen lassen (oder im Dampfgarer garen).
- Für die Sauce etwas Gorgonzola im Obers auflösen und einige Minuten einkochen lassen.
- Spinatknöderln mit der Gorgonzolasauce auf Tellern anrichten.

ANNE LÖFFLER

Andi

WIE WAR'S?

„Es war besser als erwartet, die beiden sind total nett und machen es einem einfach, sich wohlzufühlen. Aber aufgrund der Studiosituation wird man ein wenig nervös und wird zu eifrig beim Vermischen der Zutaten ..."

Als die Berlinerin vor sechs Jahren nach Wien kam, um Theater, Film und Medienwissenschaften zu studieren, da staunte sie erst mal. Denn obwohl Anne prinzipiell ja der deutschen Sprache mächtig ist, hatte sie oft Schwierigkeiten, mit den Wienern zu kommunizieren. Das fiel ihr besonders bei den Lebensmitteln auf, wenn sie verzweifelt nach „Quark" und „Hack" suchte und nur Topfen und Faschiertes bekam oder sich verwundert fragte, was genau Eierschwammerln sein könnten.

Mittlerweile liebt Anne die Wiener Küche, „weil die ein bisschen ‚multi kulti' ist und mir das Durchmischen der Kulturen in Wien so gefällt!"

Auch in Annes Wohngemeinschaft wird gerne multikulturell gekocht, und wenn ein Italiener, eine Brasilianerin, eine Portugiesin und eine Deutsche gemeinsam am Herd stehen, dann ergibt das nicht nur ein köstliches Potpourri an Speisen, sondern ist auch kulinarisch Völker verbindend!

Als Filmemacherin würde Anne gerne noch eine Dokumentation drehen mit dem Titel „Wie leben die Österreicher?", eine Home Story mit Blick hinter die Wohnfassaden der Österreicher und in die heimischen Küchen.

KÖNIGSBERGER KLÖPSE

Zutaten für 4 Personen

500 g gemischtes Faschiertes
1 Ei
25 g Semmelbrösel
1 EL Senf
Salz, Pfeffer
1 l Gemüsesuppe
1 Lorbeerblatt
40 g Butter
30 g Mehl
50 ml Weißwein
200 ml Obers
1 EL Kapern und
1 EL Kapernflüssigkeit (Einlegewasser)
1 EL geriebene Zitronenschale
1 EL Zitronensaft
Zucker
1 Bund Petersilie (gehackt)
Salzkartoffeln

Zubereitung

- Faschiertes, Ei, Senf, Salz, Pfeffer und Brösel vermengen und ca. 12 Fleischbällchen formen.
- Die Gemüsesuppe mit Lorbeerblatt aufkochen und dann die Fleischbällchen einlegen. Diese ungefähr 10 Minuten bei mittlerer Temperatur ziehen lassen. Das Kochwasser aufbewahren.
- Für die Sauce in einem Topf Butter aufschäumen, Mehl einstreuen und durchrühren. Mit Wein und ca. 600 ml Kochwasser von den Klöpsen aufgießen, das Obers zugießen und 6 bis 8 Minuten etwas einkochen. Die Kapern, Kapernflüssigkeit und Zitronensaft hinzugeben. Knödel einlegen und darin ziehen lassen. Mit Salz, Zucker und Pfeffer und Zitronenschale abschmecken.
- Die Fleischbällchen mit der Sauce und gekochten Salzkartoffeln auf Tellern anrichten und mit gehackter Petersilie bestreuen. Mit weiteren Salzkartoffeln servieren.

LUKAS AUER

Andi

WIE WAR'S?

„Es war eine Gaudi, ich war gar nicht nervös! Man konzentriert sich ja aufs Kochen und die Zusammenarbeit mit Andi war eine gute Erfahrung!"

Manchmal schießt sich Lukas sein Essen selbst, ist er doch begeisterter Jäger. So auch bei seinem Lieblingsrezept, dem Hirschburger. Hier kommt Lukas nur selbst erlegtes Wild auf den Teller. Das Jagdfieber liegt in der Familie, der Großvater ist Jäger, auch der Vater, und schon mit 16 Jahren legte Lukas die Jagdprüfung ab. Seither gehen sie gemeinsam, drei Mann hoch, mehrmals im Jahr auf die Pirsch, besitzt doch die Familie ein eigenes Jagdrevier in Kärnten mit Rehen, Hirschen, Wildschweinen und auch so seltenen Tieren wie Gämsen und Mufflons.

Lukas arbeitet das erlegte Wild auch selbst auf, zerlegt es waidmännisch und probiert auch gerne neue Rezepte aus wie das Hirschfilet mit Schwammerlrisotto und dunkler Rotweinsauce, denn daheim wird ja naturgemäß viel Wild gegessen. Aber auch in seiner Wohngemeinschaft in Graz ist Lukas der Chefkoch, da allerdings geben Nudeln, Pasta und Co. den Ton an. Und so freut sich der Student regelmäßig darauf, nach Hause zu kommen: „Denn dann gehe ich meistens jagern!" Und zur Jagdsaison ist der Tisch ja reichlich gedeckt ...

HIRSCHBURGER MIT POTATO WEDGES

Zutaten für 4 Personen

ca. 600 g faschiertes Hirschfleisch
Salz, Pfeffer
4 EL geriebener Cheddarkäse
8–12 Scheiben Bauchspeck
etwas Rucola
1–2 Zwiebeln, 1 große Tomate
4 Burgerbrote,
Öl und Butter

Für die Wedges:
600 g Kartoffeln
Öl, Chilipulver

Für den Dip:
1 Becher Sauerrahm, ½ Becher Joghurt
4–5 Zehen Knoblauch, 2 EL Mayonnaise
Senf, Salz, Pfeffer, gemischte Kräuter

Für die Mayonnaise:
1 Ei
250 ml Öl
Salz, Pfeffer, 1 EL Senf
Saft von ½ Zitrone, 1 TL Zucker

Zubereitung

- Für die Wedges die Kartoffeln waschen und vierteln. Mit Öl, Chilipulver, Salz und Pfeffer vermengen. Im Rohr bei 220 °C ca. 25 Minuten backen.
- Für die Mayonnaise alle Zutaten vermengen und mit einem Stabmixer zu einer Mayonnaise mixen.
- Für den Dip Sauerrahm mit etwas Joghurt, Mayonnaise und Senf vermengen. Knoblauch fein hacken und zur Masse geben. Danach mit Salz, Pfeffer und gemischten Kräutern würzen.
- Für den Hirschburger die Zwiebeln schälen und in Scheiben schneiden, in einer Pfanne in etwas Öl goldbraun andünsten. Die Tomate in grobe Scheiben schneiden und diese anbraten. Den Bauchspeck in einer Pfanne mit etwas Öl und Butter knusprig braten.
- Das Faschierte zu dünnen Burgerscheiben formen und beidseitig mit Salz würzen. Das Fleisch in einer Pfanne scharf anbraten. Beim Wenden auf die Oberseite den geriebenen Cheddarkäse und etwas Pfeffer geben. Die Pfanne mit einem Deckel abdecken, damit der Käse schmilzt.
- Das Fleisch, Rucola, Zwiebeln, den Speck und die Tomate auf die unteren Teile der Buns (Burgerbrötchen) legen, mit dem oberen Teil toppen und mit den Wedges und dem Dip anrichten.

JULIA KISS

WIE WAR'S? (Alex)

„Es hat wirklich großen Spaß gemacht, Alex hat mich sehr nett unterstützt und es war etwas ganz Besonderes, diese Kochshow selbst live zu erleben!"

Julia ist ja eigentlich erblich vorbelastet, was ihre Liebe zur Kulinarik betrifft, hat doch der Papa selbst zwei Kochbücher geschrieben und ihr damit die Leidenschaft für Küche und Herd quasi schon in die Wiege gelegt. Sie experimentiert sehr gerne: Ihre neueste Spielwiese ist die Zuckerglasur, da vor allem die „Fondant"-Torten, eine Zuckermasse, die wie Plastilin geknetet und dann eingefärbt wird. „Ich ärgere mich, dass ich damit nicht früher angefangen habe, denn es macht wirklich viel Spaß!" Mittlerweile bäckt sie für viele Anlässe ihre Motivtorten und bekommt dafür natürlich nur gutes Feedback.

Damit ihre Kreationen aber auch unvergesslich bleiben, fotografiert Julia ihre Torten und macht für Freunde sogar eigene Jahresbücher mit all ihren Fotos!

Backen, kneten und färben passt auch gut zu Julias Ausbildung als Kindergartenpädagogin, denn sie liebt es, mit ihren Kindern zu kochen und kleine Sandkuchen zu backen. Auch Kartoffelgerichte in allen Variationen sind kulinarische Highlights im Kindergarten, von „Würstel im Schlafrock" ganz zu schweigen.

KOHL UND REIS NACH ART DES HAUSES

Zutaten für 4 Personen

1 kleiner Kopf Wirsingkohl
500 g Bratwurstbrät (ersatzweise gehäutete und würfelig geschnittene Bratwurst)
4 Knoblauchzehen
Salz, Pfeffer
250 g Reis
150 g geriebener Parmesan
Butter und Öl zum Braten

Zubereitung

- Den Strunk aus dem Kohlkopf herausschneiden. Die Kohlblätter kurz in kochendes Wasser legen, danach in Eiswasser abschrecken. Kohlblätter ausdrücken und zu feinen Streifen schneiden.
- Den Reis in Salzwasser etwa 10 Minuten kochen, danach ebenfalls in kaltem Wasser abschrecken.
- In einer beschichteten Pfanne das Bratwurstbrät in einem Butter-Öl-Gemisch knusprig anbraten. Knoblauch, Kohl und Reis dazugeben, mit Salz und Pfeffer würzen und kurz dünsten. Einen Teil des Parmesans untermischen, nochmals kurz dünsten.
- Auf Teller anrichten und mit dem restlichen Parmesan bestreuen.

ERICH SCHÖLLER

Andi

WIE WAR'S?

„Es sind die ersten Schritte, wenn man durch den Torbogen geht, das sind die schwierigsten Minuten. Es ist wie beim Fotografieren, zuerst ist da die Anspannung, aber je mehr man in das Geschehen hineinwächst, desto ruhiger wird man."

Das Kochen hat Erich von den Frauen gelernt. Wer mit zwei Schwestern aufwächst, der kann nicht nur häkeln und stricken, sondern auch den Kochlöffel schwingen: „Kochen ist meine Aufgabe. Meine Frau hat Küchenverbot."
Er ist überhaupt ein vielseitig begabter Mann. Erich macht nicht nur in der Küche eine gute Figur, sondern auch als Kapitän seines eigenen Motorbootes, für das er vor einigen Jahren das Kapitäns-Patent für große Schiffe in Binnengewässern erwarb. Seither schippert Erich gerne die Donau entlang und sogar die berühmte „Admiral Tegetthoff" hat er schon einmal ganz allein gesteuert.
Wenn er nicht gerade die Binnengewässer durchkreuzt, entspannt sich der leitende Beamte bei seinem liebsten Hobby, dem Fotografieren.
Auf Hochzeiten, Familienfeiern und im Freundeskreis ist Erich ein gefragter Mann, er fotografierte auch schon für Werbefolder, macht Porträts in seinem eigenen Fotostudio und war auch jahrelang Mitglied in einem Fotoclub.
Auch als „Dancing Star" macht Erich eine gute Figur und entschwebt gerne auf dem Tanzparkett mit seiner Frau bei Tango Argentino und Salsa.

SCHOLLENRÖLLCHEN AUF RATATOUILLE

Zutaten für 4 Personen

800 g Schollenfilets
Saft von $^1/_2$ Zitrone
2 EL Sardellenpasta
8 Sardellenringerln
150 g Blattspinat (TK)
70 g Lachsersatz
100 g Ricotta-Frischkäse
Knoblauchzehen (eingelegt im Glas)
Muskatnuss
1 EL kalte Butter
etwas Weißwein
200 ml Suppe (oder Wasser mit Suppenpulver)
einige Safranfäden, etwas Crème fraîche

Für die Ratatouille:
2 Melanzani, 2 Zucchini
je 1 roter, grüner, gelber Paprika
1 Bund Frühlingszwiebeln
1 Knoblauchzehe
1 Dose Pelati-Tomaten
$^1/_4$ TL geriebene Zitronenschale
Thymian und Rosmarin
Olivenöl zum Braten

Zubereitung

- Die Schollenfilets längs halbieren und mit etwas Zitronensaft beträufeln. Die Filets jeweils mit etwas Sardellenpasta bestreichen und mit Lachsersatz, Sardellenringerln, Spinatbällchen, Ricotta-Käse und einer Knoblauchzehe belegen und mit etwas Muskatnuss würzen.
- In eine Pfanne etwas Weißwein gießen, die Röllchen hineinsetzen und im Rohr bei 200 °C ca. 8 Minuten garen.
- Für die Sauce in einer weiteren Pfanne Suppe, Safran und Crème fraîche kurz aufkochen. Die Sauce vom Herd nehmen und 1 EL kalte Butter mit Schneebesen einrühren.
- Für die Ratatouille Melanzani und Zucchini würfelig schneiden und in Olivenöl anbraten. Die Paprika würfelig schneiden und mit den Frühlingszwiebel (in Scheiben geschnitten) sowie Knoblauch (feinblättrig geschnitten) hinzufügen und kurz rösten. Tomaten hinzufügen und mit 100 ml Wasser aufgießen. Mit Thymian, Rosmarin und geriebener Zitronenschale würzen und langsam weich dünsten.

TENZY ZÖCHBAUER

Andi

WIE WAR'S?

„Es war eine große Chance für mich, die tibetische Kultur und Küche zu zeigen, es war aufregend und eine sehr schöne Erfahrung!"

Ihren Namen hat ihr der Dalai Lama persönlich gegeben und sie gesegnet, bei einem Treffen in der Schweiz. Tenzyn bedeutet im Tibetischen „Beschützer aller Lebewesen" und die Studentin nimmt ihre tibetischen Wurzeln sehr ernst.

Aufgewachsen ist Tenzy quasi im tibetischen Restaurant ihrer Mutter in Wien, dort hat sie neben der tibetischen Küche auch die Lebensart ihrer Vorfahren kennengelernt: „Typisch für Tibet ist, dass man mit den Händen kocht und auch isst, denn die Energie fließt ja von den Händen in die Speisen. Das Gericht schmeckt ganz anders, es ist mehr Gefühl dabei und Zuwendung, die man dem Essen gibt!" Auch „Momos", gefüllte Teigtaschen, ein tibetisches Nationalgericht, Festgericht der Nomaden, werden mit den Händen zubereitet und dann in der Suppe über Dampf gegart. „In Tibet gibt es zum Essen nur Löffel und die Hände, denn das Messer ist eine Waffe, die nicht auf den Tisch gebracht wird!"

Die tibetische Küche ist sehr ausgewogen und gesund, es wird bei der Zubereitung kaum Fett verwendet. Da das Land sehr hoch gelegen ist, beschränken sich die Gerichte hauptsächlich auf Zutaten aus der Region, wie zum Beispiel Gerste oder Bergkräuter. „Viele Europäer denken, dass die tibetische Küche so ähnlich ist wie die chinesische. Aber aufgrund der besonderen Kräuter haben die Speisen einen ganz eigenen Geschmack, den man nicht der asiatischen Küche zuordnen würde ..."

MOMOS (TIBETISCHE TEIGTASCHEN)

Zutaten für 4 Personen

Für den Teig:

300 g Vollkornmehl
300 g glattes Mehl
250 ml Wasser
500 ml Suppe zum Garen der Teigtaschen

Für die Fleischfülle:

200 g faschiertes Rindfleisch
Salz
1 Bund Jungzwiebeln
1 daumengroßes Stück frischer Ingwer
1 Bund Koriander

Für die Käsefülle:

100 g Emmentaler
100 g Frischkäse
50 g Topfen
100 g blanchierter Spinat
2 EL Schnittlauch

Zubereitung

- Mehlmischung mit Wasser vermischen und zu einem glatten Teig verkneten. Teig etwa 30 Minuten ruhen lassen.
Für die Fleischfülle Rindfleisch, fein gehackte Jungzwiebeln, gehackten Ingwer und Koriander vermischen.
- Den Teig zu kleinen, dünnen, runden Kreisen ausrollen. Jeweils einen kleinen Löffel Fülle auf den Teig legen und halbmondförmige Taschen formen. Dabei die Teigränder stets mit wenig Wasser anfeuchten und gut zusammendrücken.
- Die Teigtaschen am Boden etwas einfetten und in einem Topf mit Dämpfeinsatz mit etwas Suppe 20 bis 30 Minuten garen.
- Für die Käsefülle kleinwürfelig geschnittenen Emmentaler, den gehackten Spinat, Frischkäse, Topfen und etwas Schnittlauch zu einer festen Masse verrühren. Die Teigtaschen zur besseren Unterscheidung beispielsweise rund formen und ebenfalls gar dämpfen.

CLEMENS HOCHWARTNER

Alex

WIE WAR'S?

„Es war sehr kommunikativ und spannend, der Schmäh ist g'rennt, wie man in Wien sagt. Ich habe Alex als Helfer richtig gefordert, wir haben ja gemeinsam vier Arbeitsschritte gleichzeitig gemacht. Da hat Andi dann gesagt hat : ‚Jetzt hat Alex seinen Meister gefunden ...'"

Er hat Kochen gelernt, um seine Kinder zu versorgen. Denn als seine Freundin mit dem dritten Kind schwanger wurde, musste Clemens mithelfen und zum Kochlöffel greifen. Seine Kochkünste waren anfangs sehr bescheiden und bestanden hauptsächlich aus raschen Fertigmenüs. Um seine Kinder aber gesund zu ernähren, griff Clemens eines Tages beherzt zum „Plachutta"-Kochbuch: „Weil das Kochbuch anfängt mit den Basics, man lernt kochen von der Pike auf, das war die Einstiegsdroge ..."

Um seine kulinarischen Fähigkeiten noch zu verfeinern, hat er sogar einen Kochkurs bei einem Haubenkoch gemacht, ist mit ihm den ganzen Tag in der Küche gestanden: „Um die Abläufe eines Haubenmenüs zu lernen." Seine achtjährige Tochter unterstützt ihn mittlerweile tatkräftig und gemeinsam experimentieren sie auf Top-Niveau. Das darf Clemens daheim allerdings nur in seiner eigenen Küche, da er als kreativer Koch auch immer kreatives Chaos hinterlässt. Da kann er aber dann schalten und walten, wie er will: „In der Küche muss immer eine Flasche Wein offen sein. Zuerst trink ich ein Glaserl, dann fang ich mit dem mis-en-place an, und was dann noch von der Flasche übrig bleibt, kommt entweder in die Sauce oder in meinen Magen ..."

THUNFISCHFILET IN ZIMT-SESAM-KRUSTE MIT CHILI-MANGO-SALAT

Zutaten für 4 Personen

400 g Thunfisch
gemahlener Zimt, heller und schwarzer Sesam
Salz, Pfeffer
Sojasauce, 1 EL Honig, Öl

Für den Salat:

2 Flugmangos
2 Schalotten
einige Zweige frische Minze und Koriander
1 Chilischote, Dijon-Senf
Olivenöl
½ roter Paprika
Honig, weißer Balsamico-Essig, Salz

Für den Wasabischaum:

100 ml Schlagobers
2 Eier
1 EL Wasabipaste, 1 EL Ricotta

Für die Blätterteigstangerln:

fertiger Blätterteig, 1 Ei, Salz
geriebener Parmesan

Zubereitung

- Für den Salat Mango schälen und in sehr kleine Würfel schneiden. Schalotten fein hacken. Minze und Koriander fein hacken. Paprika fein würfeln. Chili entkernen und fein würfeln. Salz, Balsamico-Essig, Olivenöl, Dijon-Senf und Honig zu einer Marinade verrühren und abschmecken. Alles zusammenmischen und ziehen lassen.
- Für den Wasabischaum Eiklar steif schlagen. Schlagobers halbsteif schlagen. Schlagobers mit Ricotta, Wasabipaste, Salz und Pfeffer vermischen und am Ende den Eischnee unterheben.
- Für die Blätterteigstangerln den Blätterteig aufrollen, mit dem verquirlten Ei bestreichen und mit Salz und geriebenem Parmesan bestreuen. 2 cm breite Streifen schneiden, eindrehen, nochmals mit Ei bestreichen und auf ein mit Backpapier ausgelegtes Blech legen. Im Rohr bei 180 °C ca. 10 Minuten backen.
- Den portionierten Thunfisch in Sojasauce und Honig marinieren. Fisch zuerst mit Salz und Pfeffer würzen und in Zimt wälzen. Etwas anfeuchten und danach in Sesam wälzen. Den Thunfisch in heißem Öl von allen Seiten anbraten – er sollte innen noch roh sein.
- Den Mango-Salat auf Tellern anrichten. Den Wasabischaum auf Teller auftragen, den Thunfisch darauf platzieren. Mit Blätterteigstangerln garnieren.

FRANZ KLOIHOFER

Andi

WIE WAR'S?

„Die beiden waren sehr menschlich und sind auf die Kandidaten zugegangen, haben ihnen geholfen. Andi hat mir auch Tipps gegeben, wie ich schön anrichte, so fürs Auge ..."

Franz musste schon sehr früh auf eigenen Füßen stehen, denn als die Eltern nach Niederösterreich zogen, blieb der Lehrling alleine zurück in Wien und musste sich fortan selbst versorgen.

Seine Mutter kam zwar am Wochenende, um nach ihrem Sohn zu sehen, doch wochentags war Kreativität in der Küche gefragt. Teigwaren jeder Art und Kartoffelknödel waren anfangs die Klassiker, doch schon bald erweiterte sich das kulinarische Repertoire des jungen Mannes. Bei seinem ersten Date hatte er seine jetzige Frau regelrecht „eingekocht": „Sie war so beeindruckt, dass ein Mann kochen kann!" Auf seinen vielen Reisen probiert Franz gerne Exotisches wie Krokodil und Schlangen: „Ich bin da sehr mutig." Als besondere Mutprobe möchten Franz und sein Sohn sich einmal an ein Insekten-Menü wagen, gegrillte Heuschrecken, gebratene Maden und andere tierische Leckereien.

Beeindruckt sind auch die Freunde von Knollis Kochkünsten, vor allem sein ehemaliger Fußballverein, dem er auch seinen Spitznamen verdankt.

Sein Fußballtrainer konnte sich nämlich selbst nach Monaten noch immer nicht seinen Namen merken und schrieb auf das Spielerblankett immer Knollhofer statt Kloihofer! Bald war er bei seinen Mitspielern der „Knolli" ...

GEBRATENES WELSFILET AUF SCHWARZEN BANDNUDELN MIT CHAMPIGNONCREME

Zutaten für 4 Personen

1 kg Welsfilet
250 g schwarze Bandnudeln (Sepianudeln)
1 Zwiebel (fein geschnitten)
500 g braune Champignons
250 ml Crème fraîche
evtl. etwas Milch
Butter und Olivenöl zum Braten
3–4 Zehen Knoblauch
getrocknete gemahlene Chilischote
Salz, Pfeffer

Zubereitung

- Die Bandnudeln in Salzwasser al dente kochen.
- Die Champignons putzen und in dickere Scheiben schneiden. Die Zwiebel in Butter und Öl anschwitzen, Champignons zugeben und mitrösten. Crème fraîche zugeben und mit Salz und Pfeffer abschmecken. Wenn die Champignoncreme zu dickflüssig ist, mit etwas Milch verdünnen.
- Welsfilets portionieren und mit Salz, Pfeffer und Chili würzen. Olivenöl mit Butter erhitzen und die Fischfilets beidseitig braten. Knoblauchzehen schälen, feinblättrig schneiden und kurz mitbraten.
- Gebratene Welsfilets auf den Bandnudeln mit der Champignoncreme anrichten.

SYLVIA SCHÄFER-NOUZA

Andi

WIE WAR'S?

„Andi hat mir gute Tipps gegeben, man muss halt schauen, dass man nichts vergisst. Mein selbst gemachtes Basilikum-Pesto hat ihm sehr geschmeckt!"

Das Tanzen ist ihr Leben, seit ihrem 15. Lebensjahr tanzt Sylvia mit ungebrochener Leidenschaft. Gemeinsam mit ihrem Partner hat sich die Turniertänzerin in den letzten 25 Jahren leichtfüßig an die Spitze gekämpft. Was für das Publikum so leicht und schwebend aussieht, ist in Wahrheit allerdings harte Arbeit: „Man muss schon eifrig trainieren, wir tanzen täglich 2–3 Stunden ..." Die ganz großen Erfolge feierte das Paar mit den Lateinamerikanischen Tänzen, als mehrfache Österreichische Staatsmeister waren sie viele Jahre unschlagbar. Heute bestreitet das Paar Weltranglisten-Turniere in den Internationalen Standard Tänzen und konnte bei den Weltmeisterschaften in Neuseeland sogar einen ruhmreichen 8. Platz erringen.

Sylvia achtet naturgemäß sehr auf ihre Ernährung: „Vor einem Turnier isst man nur leichte Kost, wichtig ist es, viel zu trinken und dazwischen vielleicht eine Banane zu essen oder einen Müsliriegel, das gibt Kraft."

Der Erfolg hat auch seinen Preis: „Man kann sich gar nicht vorstellen, wie viel Energie es kostet, dass ein Tanz so leichtfüßig aussieht. Zwei Menschen müssen sich sehr homogen bewegen, um harmonisch zu wirken ..."

ZANDER AUF COUSCOUS MIT KAROTTEN-INGWER-SAUCE

Zutaten für 4 Personen

4 Zanderfilets à ca. 180 g
Salz, Pfeffer, Olivenöl
Mehl, 1 TL Butter

Für das Couscous:
125 ml Geflügelsuppe
1 Zweig Thymian, 1 kleine Knoblauchzehe
60 g Instant-Couscous
6 Safranfäden
½ roter Paprika (fein gewürfelt)
Olivenöl zum Braten
Salz, Pfeffer, Chili, 1 EL Olivenöl
10 Basilikumblätter (fein geschnitten)

Für die Karotten-Ingwer-Sauce:
1 Schalotte (fein geschnitten)
3 EL Olivenöl
10 g Ingwer (fein gewürfelt)
2 Stängel Zitronengras (klein geschnitten)
125 ml frischer Karottensaft
20 g Butter, Salz, Pfeffer, etwas Chili
Saft von 1 Limette

Zubereitung

- Die Geflügelsuppe mit dem Thymian und der Knoblauchzehe aufkochen, ziehen lassen und später durch ein Sieb abgießen.
- Couscous mit den Safranfäden in eine Schüssel geben, mit der Geflügelsuppe aufgießen und zugedeckt quellen lassen. Die Paprikawürfel in Olivenöl andünsten, Couscous zugeben und mit Salz, Pfeffer, Chili, Olivenöl und Basilikum abschmecken.
- Für die Sauce die Schalotte in 1 EL Olivenöl anrösten. Ingwer und Zitronengras mitdünsten, mit Karottensaft ablöschen und zur Hälfte einkochen. Durch ein Sieb streichen, mit 2 EL Olivenöl und Butter aufmixen und mit Salz, Pfeffer, Chili und Limettensaft abschmecken.
- Zanderfilets auf der Hautseite einritzen, mit Salz und Pfeffer würzen und in Mehl wenden. In erhitztem Olivenöl die Zanderfilets auf beiden Seiten goldgelb braten. Am Ende der Bratzeit ein Stück Butter beigeben.
- Zander auf dem Couscous mit der Karotten-Ingwer-Sauce anrichten.

ERNST BACHLER

Alex

WIE WAR'S?

„Ich habe mich sehr wohl gefühlt, es war eine große Herausforderung. Ich war nur überrascht, wie perfekt die Zutaten vorbereitet waren, das habe ich natürlich beim Kochen im Sozialmarkt nicht!"

Wenn Erich einmal in der Woche, am Donnerstag, ehrenamtlich für Bedürftige in einem Sozialmarkt ein nahrhaftes 3-Gänge-Menü zubereitet, dann ist er der „kochende Hahn im Korb ...". Der Koch aus Leidenschaft ist umgeben von Frauen und als einziger Mann im Team hat er unter den Gästen schon sein Stammpublikum. Die Menschen lieben und schätzen seine schmackhaften Gerichte, um EUR 1,50 zaubert Erich Hausmannskost vom Feinsten für 30–40 Leute auf den Tisch: „Mir geht es sehr gut, ich habe ein tolles Leben, also möchte ich der Welt etwas zurückgeben."

Einiges an kulinarischen Fertigkeiten hat Erich sich vom Schwiegervater abgeschaut, einem Fleischhauer und leidenschaftlichen Koch: „Von ihm habe ich gelernt, wie man ein echtes Gulasch kocht!"

Bei Johanna Maier hat er in einem seiner zahlreichen Kochkurse den richtigen Umgang mit Fisch & Co. erfahren und auf seinen zahlreichen Reisen lässt sich Erich auch gerne von der lokalen Küche des jeweiligen Landes inspirieren. Besonders liebt er die italienische Lebensart: „Wenn ich hier den Köchen in die Töpfe schaue, dann geht mir das Herz über."

GEBRATENES SAIBLINGSFILET AUF RIESLING-SCHAUM UND PARMESANPÜREE

Zutaten für 4 Personen

4 Saiblingsfilets
Limettenöl, Olivenöl und Butter zum Anbraten

Für das Parmesanpüree:

500 g Kartoffeln (mehlige Sorte)
140 g Schlagobers
30 g Butter
Salz, Pfeffer
einige EL geriebener Parmesan

Für den Rieslingschaum:

½ weiße Zwiebel (kleinwürfelig geschnitten)
50 g Butter zum Braten
⅛ l Riesling
⅛ l trockener Wermut (Noilly Prat)
½ l Fischfond
¼ l Obers
50 g kleine eiskalte Butterwürfel
Salz

Zubereitung

- Die Saiblingsfilets mit Limettenöl beträufeln, mit Salz und Pfeffer würzen und auf der Hautseite in Öl und Butter knusprig anbraten. Wenden und fertig garen.
- Für das Püree die Kartoffeln schälen und in Salzwasser weich kochen, danach über einem Sieb abtropfen lassen und noch heiß durch die Kartoffelpresse drücken. Obers erhitzen, die Butter darin auflösen und langsam unter die noch warme Kartoffelmasse rühren. Mit Salz und Pfeffer würzen und den Parmesan einrühren.
- Für den Rieslingschaum die gewürfelten Zwiebeln in Butter kurz anschwitzen. Den Wein und den Wermut zugießen und aufkochen. Den Fischfond zugießen und um ein Drittel reduzierend einkochen. Das Obers einrühren und bei mäßiger Hitze 10 Minuten köcheln lassen. Mit Salz abschmecken, die Sauce durch das Einrühren von kalten Butterstücken binden. Kurz vor dem Servieren mit dem Stabmixer schaumig aufmixen.

ANGELIKA KUMMER

Andi

WIE WAR'S?

„Ich bin sehr positiv überrascht, denn ich war ja schon einmal Kandidatin beim Kochchampion, das war stressiger. Aber heute war das ein Gefühl wie kochen mit Freunden, Andi und Alex sind beide sehr bodenständig."

„Kartoffel-Wuzzalan" und „G'schnittene Nudeln" sind Angelikas Kärntner Wurzeln, die sie heute noch liebt, auch wenn sie sich in der Zwischenzeit kulinarisch schon weiterentwickelt hat. Was als „Assistenz-Job" in Mamas Küche begonnen hat, ist mittlerweile zur leidenschaftlichen Passion geworden. Heute schlägt Angys Herz für die thailändische Küche, sie kocht gerne scharf, kreiert eigene Currys in Rot und Grün, die auch schon mal auf der Zunge brennen! Am Wochenende kocht sie gerne für ihre Freunde, die sind begeistert von ihren scharfen Schöpfungen und freuen sich auf die exotischen Gerichte. „Leider verträgt mein Mann die Schärfe nicht, aber die Freunde lieben es!"

Für ihren Ehegespons kocht sie dann mild und mediterran, Fisch und Meeresfrüchte, in kreativen Variationen.

Die Radiologietechnologin nimmt es heute nicht mehr so genau mit den Mengenangaben der Rezepte, besonders seit sie einmal im Monat für die gesamte Ordination, mehr als 20 Personen, kocht: „Da habe ich gelernt, das Kochen lockerer zu nehmen ..."

ROTES THAI-CURRY MIT FISCH

Zutaten für 4 Personen

700 g festes Fischfilet (z. B. Rotbarsch)
2 EL Limettensaft (frisch gepresst)
1 roter Paprika
1 frische Ananas
1 ½ EL neutrales Öl (z. B. Erdnussöl)
1 TL Ingwer (frisch gerieben)
2 EL rote Thai-Currypaste
400 ml Kokosmilch
2 TL Fischsauce
1 ½ TL brauner Zucker, Salz
1 kleiner Bund Koriandergrün
1 kleiner Bund Thai-Basilikum

Zubereitung

- Fischfilet waschen, mit Küchenpapier trocken tupfen und in ca. 4 cm große Würfel schneiden, dann mit 1 EL Limettensaft beträufeln.
- Ananas schälen, den Strunk herausschneiden und das Fruchtfleisch in Würfel schneiden.
- Das Öl im Wok oder in einer Pfanne erhitzen, die Currypaste dazugeben und unter Rühren 3 Minuten braten. Mit Kokosmilch ablöschen und 10 Minuten einkochen lassen. Mit dem restlichen Limettensaft, Fischsauce, Zucker und Salz abschmecken.
- Die Fisch-, Paprika- und Ananaswürfel dazugeben. Den frisch geriebenen Ingwer zufügen und bei kleiner Hitze in 5 bis 6 Minuten gar ziehen lassen.
- Das Koriandergrün und das Thai-Basilikum waschen und trocken schütteln, die Blätter abzupfen. Das fertige Curry mit den Koriander- und Basilikumblättern bestreuen.
- Dazu passt Basmatireis.

ANDREAS HOHENWARTER

Alex

WIE WAR'S?
„Es war fast wie ein Auftritt, aber das bin ich vom Schuh-Plattl'n ja schon gewöhnt!"

Er ist nicht gerade der typische Koch, wie man ihn sich vielleicht so vorstellt, sondern eher der coole Betriebswirt und Wirtschaftpsychologe. Die Anfänge in der Küche waren demnach auch nicht ganz freiwillig, aber nach seinem Umzug vom Hotel Mama in Niederösterreich nach Wien musste Andreas wohl oder übel den Kochlöffel selbst in die Hand nehmen. Auf seinen Dienst-Reisen durch ganz Europa holt er sich auch dann und wann Ideen für den heimischen Herd. Er ist ein „Fleischtiger", isst am liebsten blutige Steaks und überlässt die gesunde Küche gerne seiner Freundin. In seiner Freizeit betätigt sich Andreas auch gerne als Handwerker und renoviert lieber sein Haus, als in den Urlaub zu fahren.

Als echter Naturbursch hat Andreas auch ein uriges Hobby: das „Schuhplattl'n". In einem Trachtenverein hat er das Plattl'n gelernt und später wurden dann gemeinsam im privaten Kreis in gemütlicher Atmosphäre mit einem „Plattellehrer" verschiedene Choreografien einstudiert: „Als traditionsbewusstem Menschen macht mir das Schuh-Plattl'n sehr viel Spaß, wir sind jetzt acht junge Leute, Burschen und Mädchen, und mittlerweile treten wir sogar bei Hochzeiten, Geburtstagen und anderen Festlichkeiten auf!"

BACHSAIBLING MIT ROSMARINKARTOFFELN UND BROKKOLI

Zutaten für 4 Personen

500 g Brokkoli
$\frac{1}{8}$ l Gemüsesuppe
3 EL frische Kräuter (Estragon, Schnittlauch)
etwas Muskatnuss
2 EL gehackter Knoblauch
4 Bachsaibling-Filets (mit Haut)
etwas Mehl
2 EL Fischgewürz
Salz, Pfeffer
3–4 EL Butterschmalz

Für die Rosmarinkartoffeln:
600 g Kartoffeln (festkochende Sorte)
1 Tasse Olivenöl, 3 EL Salz
2 Bund Rosmarin
1 Jalapeno
3 Zehen Knoblauch

Zubereitung

- Für die Rosmarinkartoffeln das Olivenöl mit Salz, Rosmarin und 1 TL gehacktem Jalapeno mischen. Die Kartoffeln waschen, trocken tupfen und in Spalten schneiden. Die Kartoffeln in dem Ölgemisch schwenken, bis alle Stücke bedeckt sind. Anschließend auf einem Backblech gemeinsam mit den ganzen Knoblauchzehen verteilen und im vorgeheizten Rohr bei 200 °C Ober-Unter-Hitze in etwa 30 Minuten goldgelb backen.
- Die Saiblingsfilets mit Salz, Pfeffer und Fischgewürz würzen und mit Mehl stauben. Die Fischfilets in Butterschmalz beidseitig braten.
- Den Brokkoli in einzelne Röschen teilen und in der Gemüsesuppe ca. 13 Minuten garen. Brokkoli mit frischen Kräutern, Muskatnuss und etwas Knoblauch abschmecken.

ROLAND WOLFRAM

Alex

WIE WAR'S?

„Am Anfang war ich ein wenig nervös, aber dank Alex habe ich mich bald wie daheim gefühlt – es war ein tolles Erlebnis!"

Daheim in Gutenbrunn bei Falkenstein betreibt Roland gemeinsam mit seinen Eltern einen kleinen Weinbau und schon daher ist ihm Genuss sehr wichtig. Als Winzer kocht er natürlich gerne mit Wein, vorzugsweise mit dem typischen Grünen Veltliner aus dem Weinviertel. Fleischgerichte liebt Roland in allen Variationen, gerne verfeinert mit einem Schuss Wein: „Vor allem in den Saucen gibt der Grüne Veltliner mit dem Pfefferl und der Säure einen tollen Geschmack!"

Wenn Roland nicht gerade im Weingarten oder im Weinkeller arbeitet, dann bildet er sich kulinarisch weiter und erforscht auf seinen Reisen in fremde Länder gerne die verschiedenartigen Küchen. Das eine oder andere Rezept kocht er dann zu Hause nach, aber immer mit seiner persönlichen Note, eben Marke Weinviertel.

Als Genussmensch liebt Roland auch Musik, produziert selbst „House" und elektronische Musik und macht gerade einen Kurs als Musikproduzent, um sich musikalisch weiterzuentwickeln. Und er träumt von seinem großen Ziel: einer Reise in die USA, um seinen Horizont musikalisch und kulinarisch noch zu erweitern.

ZANDERFILET IN DER ERDÄPFELKRUSTE

Zutaten für 4 Personen

500 g Zanderfilet
Öl und Butter zum Braten
600 g mehlige Erdäpfel
4 EL glattes Mehl
2 Eier
Salz, Pfeffer, Zitronensaft

Für die Sauce:

100 g Lauch, 2 kleine Paradeiser
400 ml Gemüsesuppe
2 gestrichene EL Speisestärke
1 EL Schnittlauch

Für das Brokkoligemüse:

300 g Brokkoli (in Röschen geteilt)
Butter
Salz, Pfeffer, Muskatnuss

Zubereitung

- Die Erdäpfel schälen, grob raspeln, ausdrücken und mit Mehl, Eiern, Salz und Pfeffer vermischen.
- Die Zanderfilets mit Salz, Pfeffer und Zitronensaft würzen. Filets in die Erdäpfelmasse drücken, sodass beidseitig eine ½ cm dicke Schicht haften bleibt. Beidseitig im Öl-Buttergemisch braten und auf Küchenpapier abtropfen lassen.
- Für die Sauce den Lauch längs halbieren und in ½ cm breite Scheiben schneiden. Die Paradeiser vierteln, Kerne entfernen, das Fruchtfleisch klein schneiden. Die Suppe mit Lauch aufkochen und die Speisestärke (zuvor mit 6 EL Wasser verrühren) in die Suppe rühren und kurz mitköcheln. Paradeiser und klein geschnittenen Schnittlauch unterrühren.
- Den Brokkoli in heißem Salzwasser bissfest kochen, anschließend kalt abschrecken und abtropfen lassen. Vor dem Servieren in Butter schwenken und mit Salz, Pfeffer und geriebener Muskatnuss abschmecken.

HELMUT HERLITSCHKA

Alex

WIE WAR'S?

„Mein Bild im Kopf vor der Sendung war, dass alle sehr hektisch sind, aber zu meinem Erstaunen waren Andi und Alex und die ganze Crew sehr entspannt.
Ich habe mir eigentlich 100 Direktiven erwartet, aber die beiden sind auf mich eingegangen und haben meine Ideen akzeptiert."

„Kochen ist für mich das Vorspiel zum Genusserlebnis!" Das gelegentliche Lesen diverser Rezepte brachte Helmut auf den Geschmack und er wagte die kulinarische Herausforderung: „Ich bin ein kritischer Mensch und möchte auch einfache Dinge mit Liebe zubereiten." Ein Rezept muss ihn neugierig machen und oft kombiniert er verschiedene Rezepte zu einem einzigartigen, sehr persönlichen Geschmack. Aus anfänglichen Küchenexperimenten wurde bald eine veritable Leidenschaft, die auch dem Freundeskreis nicht verborgen blieb. So genießt Helmut seine Kreationen gerne in trauter Runde, denn: „Essen und Trinken ist ein wichtiges soziales Bindungs- und Bildungselement."
Das Essen begleitet Helmut gerne mit einem Glas ausgesuchten Weißweines, „der wie eine Wolke am Gaumen vorbeistreicht ..." Hintergründen und Zusammenhängen geht der studierte Gebrauchsgrafiker nicht nur in der Küche akribisch auf den Grund, die Geschichte hinter den alltäglichen Dingen ist seine große Herausforderung: „Man geht oft jahrelang an einem Haus vorbei, ohne dessen Geschichte zu kennen. Da interessieren mich all die kleinen Details ..."
Als kreativer Geist, neugierig und aufgeschlossen, lebt Helmut mit allen Sinnen, denn: „Menschen, die nicht genießen können, sind ungenießbar ..."

FORELLE BUNT MIT BRATERDÄPFELN UND HÄUPTELSALAT

Zutaten für 4 Personen

4 Forellen
Salz, Pfeffer
8 Petersilienstämmchen
Saft von 1 Zitrone
Olivenöl
3–4 Radieschen
eine halbe Scheibe Knollensellerie (7 mm dick)
1 Frühlingszwiebel, $^1/_2$ Zucchino
$^1/_2$ roter Paprika, 4 Cocktailtomaten
1 Stangensellerie, 1 Karotte
2 TL heller Balsam-Essig (Condimento Rosé oder weißer Aceto Balsamico)
roter Weinessig
1 TL rosa Pfeffer
1 Prise Piri-Piri-Gewürz
5 frische Basilikumblätter
400 g Erdäpfel (speckige Sorte)
4 EL Brösel
1 Häuptelsalat
Butter

Zubereitung

- Die ausgenommen Forellen waschen, mit Küchenpapier trocken tupfen. Die Fische im Bauchraum salzen und pfeffern, jeweils 2 Petersilienstämmchen sowie etwas Zitronensaft zugeben.
- Radieschen, Knollensellerie, Stangensellerie, Frühlingszwiebel (samt dem grünen Teil), Zucchino, roten Paprika und Karotte in 1-cm-Stücke schneiden und in 3 EL Olivenöl bei mäßiger Hitze etwa 12 Minuten dünsten. Mit Salz, Pfeffer Piri-Piri, hellem Balsam-Essig und Rotweinessig abschmecken.
- Gemüse aus der Pfanne nehmen, etwas frisches Olivenöl zugeben, die Hitze erhöhen und die Forellen darin etwa 3 Minuten braten. Danach die Forellen wenden, das Gemüse wieder in die Pfanne geben. Etwas Gemüse in die Forellen füllen, klein geschnittene Cocktailtomaten und Basilikumblätter dazugeben und die Forellen garen.
- Die Erdäpfel kochen, danach schälen und vierteln. In Brösel wälzen, in Olivenöl zart anbraten und zum Schluss mit Salz würzen.
- Den Häuptelsalat zerteilen, waschen und trocken schleudern, nach persönlichem Geschmack marinieren.
- Die gebratenen Forellen und das Gemüse auf Tellern mit den Braterdäpfeln anrichten. Rückstand in der Pfanne mit etwas Wasser aufgießen, etwas einkochen und mit einem kalten Stück Butter montieren – über die Fische gießen.

MICHAEL WEIL

Alex

WIE WAR'S?

„Ich hatte Angst, dass ich vor lauter Lampenfieber keinen Löffel mehr halten kann. Aber ein Glas Prosecco vor meinem Auftritt hat mich gerettet!"

Für Michael ist beides künstlerisches Schaffen: das Kochen und seine Tätigkeit als Baumeister, denn Kreativität ist da wie dort gefordert. „Wenn man nicht weiß, wie die Zutaten einer Speise oder die Baustoffe für ein Haus zueinander passen, dann wird das nichts!"

Als Ingenieur interessiert er sich natürlich sehr für die Hintergründe der Kochtechniken, aber auch für die Tricks der Profis, denn Kochen hat für ihn viel mit Physik und Chemie zu tun: „Man muss verstehen, was im Kochgut gerade physikalisch und chemisch passiert, um die richtigen Kochschritte zu setzen. Was passiert mit dem Steak in der Pfanne, damit ich dieses herrliche Röstaroma bekomme?" Ein scharfes Messer und ausgezeichnete Grundzutaten sind Michael beim Kochen am wichtigsten, denn „fehlende Qualität bei den Zutaten kann selbst der beste Koch nicht mehr korrigieren".

Der bekennende „Fleischtiger" kauft bewusst hochwertige Nahrungsmittel, auch für einfache Gerichte: „Wenn man ein Gulasch kocht, dann steht man drei Stunden in der Küche, da muss die Fleischqualität gut sein, damit sich die Mühe lohnt ..." Seine Gäste wissen es zu schätzen!

ROSA GEBRATENES ENTENBRUSTFILET AN ROTEN LINSEN UND GRANATAPFELKERNEN

Zutaten für 4 Personen

1 Barbarie-Entenbrustfilet
Öl zum Braten
2 säuerliche Äpfel (Granny Smith)
250 g rote Linsen
8 cl Noilly Prat
3 Schalotten (klein geschnitten)
1 TL Zucker
Butter
ca. 500 ml Geflügelfond
Currypulver
Kerne von 1 Granatapfel
Salz, Pfeffer
getrockneter Majoran
Hesperidenessig
Thymianzweige zum Garnieren

Zubereitung

- Die Linsen in Geflügelfond ca. 10 Minuten weich kochen, danach abseihen.
- Die Schalotten in Butter glasig anrösten. Die geschälten und würfelig geschnittenen Äpfel beigeben, etwas Zucker zugeben und kurz mitrösten. Mit Noilly Prat ablöschen und Currypulver dazugeben. Linsen zugeben und mit Salz, Pfeffer, Majoran und Essig abschmecken.
- Die Haut der Entenbrust rautenartig einschneiden, mit Salz, Thymian und Pfeffer würzen. In einer Bratpfanne etwas Öl erhitzen und das Fleisch mit der Hautseite nach unten scharf anbraten, dann wenden, anbraten und aus der Pfanne heben. Im auf 140 °C vorgeheizten Rohr 20 Minuten gar ziehen lassen, danach herausnehmen und warm rasten lassen.
- Den Bratenrückstand mit etwas Fond aufgießen, reduzierend einkochen, dann abseihen. Mit kalter Butter binden und mit den Granatapfelkernen vollenden.
- Entenbrust in dünne Scheiben schneiden und auf den roten Linsen drapieren, mit etwas Saft beträufeln und mit Thymianzweigen garnieren.

SILVIA RAMSSL

Alex

WIE WAR'S?

„Es war aufregend, eine tolle Erfahrung, ich wollte schon immer mal hinter die Kulissen blicken und hätte auch gerne den Fisch gekostet, den Andi gekocht hat ..."

Schon mit 13 Jahren hat Silvia begonnen, daheim zu backen, vorzugsweise, wenn die Eltern nicht zu Hause waren: „Falls mal was schiefgegangen war, konnte ich den missglückten Kuchen noch rechtzeitig verschwinden lassen ..." Ihre große Lehrmeisterin aber war die Oma, die sich in jungen Jahren als Haushälterin zur Meisterköchin gewandelt hatte: „Es gab wirklich nichts, was die Oma nicht kochen konnte, viele Fertigkeiten von damals sind ja heute schon vergessen!"

Silvia mag auch die asiatische Küche, ihr Lieblingsrezept „Wok mit Huhn, Nudeln und Gemüse" hat eine lange Familientradition. Die Eltern hatten liebe Freunde in Holland und als Kind verbrachte Silvia alle Ferien in den Niederlanden bei Freundin Dini, die ihr nicht nur typische holländische Gerichte beibrachte, sondern auch dieses Wok-Rezept. Immer wenn Silvia es kocht, ist das auch eine Erinnerung an ihre Kindheit.

Die Vorliebe für Desserts verbindet die ganze Familie, ist Silvias Mann doch selbst Konditormeister. Als sie einander auf einer Reise nach Nizza kennenlernten, war das wohl die süßeste Verführung ihres Lebens ...

WOK MIT HUHN, NUDELN, GEMÜSE UND FLEISCHBÄLLCHEN

Zutaten für 4 Personen

500 g Hühnerfilet
250 g Faschiertes (Schwein und Rind)
250 g chinesische Nudeln
200 g Sojasprossen
200 g Erbsenschoten
1 größerer Zucchino
1 roter Paprika
Wok-Gewürz
Erdnussöl
Zucker
Sweet Chilisauce
Sojasauce
Sweet Sojasauce
Sambal Oelek

Zubereitung

- Hühnerfleisch in dünne Streifen schneiden und mit dem Wok-Gewürz und etwas Erdnussöl vermischen.
- Das Faschierte mit Sambal Oelek, Sweet Chilisauce, etwas Sojasauce und Sweet Sojasauce vermengen und etwa 10 Minuten rasten lassen.
- Mariniertes Hühnerfleisch in Erdnussöl anbraten, danach herausnehmen und warm stellen. Zucchino und Paprika in kleine Stücke schneiden und in etwas Sesamöl anbraten. Die Erbsenschoten ebenfalls kurz anbraten.
- Aus dem Faschierten kleine Bällchen formen. Eine Pfanne mit Sojasauce und etwas Zucker erhitzen, die Bällchen einlegen und bei geringer Hitze in der Sauce garen.
- Die chinesischen Nudeln in Wasser 5 bis 7 Minuten kochen.
- Das gebratene Hühnerfleisch mit dem Gemüse vermischen und mit Sambal Oelek und/oder Sweet Chilisauce abschmecken. Gekochte Nudeln, die Sojasprossen und die fertigen Fleischbällchen darauf anrichten und sofort servieren.

CHRISTINE BISWANGER

Alex

WIE WAR'S?

„Ich wollte unbedingt mit Alex kochen, denn mein Enkerl heißt auch Alex und ist Patissier. Es war wirklich toll. Alex hat mir so viel Kraft gegeben und die Nervosität genommen, sodass ich dann nicht einmal das Publikum bemerkt habe!"

„Das Schönste für mich sind leere Teller ..." Christine kocht gerne bodenständige Hausmannskost für ihre Lieben, wie Eiernockerln, gefüllte Hühnerbrust oder die glacierte Putenleber mit Birnenscheiben: „Das lieben alle und es geht so rasch!"

Dabei hat ihre Kochkarriere etwas holprig begonnen, denn Christine hat sehr jung geheiratet und war kulinarisch noch ziemlich unerfahren. Das erste Gericht, das sie für ihren Mann gekocht hat, waren gekaufte faschierte Laibchen. Wohl deshalb bekam Christine bald ein Kochbuch von ihrem Vater geschenkt, das sie heute noch verwendet.

Mittlerweile hat auch ihr Mann sein Kochtalent entdeckt und beansprucht nun die Küche für sich. „Er sagt immer, dass ich lang genug in der Küche war. Nach 40 Jahren darf er jetzt auch mal rein."

Das Ehepaar feiert bald goldene Hochzeit und Christine hat für sich das Geheimnis einer glücklichen Ehe entdeckt: „Wer tolerant und geduldig ist, ist auch sehr glücklich. Wir sind zwar schon sehr lange zusammen, aber für mich wird es von Tag zu Tag nur schöner." Jeden Tag kümmert sich Werner um das Frühstück und das übrige Essen.

„Er nennt mich seine Prinzessin und Prinzessinnen sollte man verwöhnen ..."

GLACIERTE PUTENLEBER MIT BIRNENSCHEIBEN UND BASMATIREIS

Zutaten für 4 Personen

400 g Putenleber
100 g rote Zwiebel
2 Birnen
Öl, Butter
Salz, Pfeffer
Majoran
$^1/_4$ l Hühnerfond
Mehl zum Stauben
250 g Basmatireis

Zubereitung

- Putenleber in kleine Stücke schneiden. In einer Pfanne Öl und Butter erhitzen, die Zwiebel darin anschwitzen, dann die Leber anbraten.
- Birnen schälen, Kerngehäuse entfernen, in Scheiben schneiden und mit der Leber mitdünsten. Mit Majoran würzen, mit Mehl stauben und mit Hühnerfond aufgießen. Leicht köcheln lassen, vor dem Servieren mit Salz und Pfeffer würzen.
- Den Reis waschen und in Wasser einweichen. Den Reis (2 Teile gesalzenes Wasser, 1 Teil Reis) ca. 10 Minuten kochen.
- Die Putenleber mit den Birnenscheiben und dem Reis auf Tellern anrichten.

MARIA FREY

Andi

WIE WAR'S?

„Am Anfang war ich sehr nervös, aber man darf nicht an die Kamera denken, sondern nur an die Arbeit. Und Andi hat mich beruhigt und sehr lieb unterstützt, sodass das Schnitzel dann ganz toll geworden ist, so gut wird das oft zu Hause nicht …"

Fremde Länder faszinieren Maria, sie liebt es, zu reisen, und lässt sich auch gerne von den vielfältigen kulinarischen Eindrücken inspirieren. Dann geht sie mit ihrem Mann auf die einheimischen Märkte, so wie in Frankreich: „Ich habe noch nie so viele verschiedene Geflügelsorten gesehen, schwarze Hühner, graue Hühner, verschiedenste Vogelarten und unglaublich viele Fische und Meeresfrüchte!" Besonders beeindruckend waren auch die raffinierten Pasteten und Rillettes. Die versucht Maria jetzt zu Hause nachzukochen.

Bewusst zu essen, ist der begeisterten Gärtnerin sehr wichtig: Das Fleisch kommt vom Bio-Rind, die Eier von glücklichen Hühnern und die Kräuter und das Gemüse aus dem eigenen Garten. Die begleitenden Weine zum Essen sucht Maria sehr sorgfältig aus, natürlich nur aus Österreich, gerne fährt sie mit ihrem Mann in die Südsteiermark oder ins Kamptal und kostet und kauft ihre Lieblingsweine beim Winzer persönlich.

Ihre kreative Ader lebt Maria dann und wann in der Improvisation aus: „Manchmal muss mein Mann für meine Experimente herhalten." Er nimmt es mit Gelassenheit …

HÜHNERSCHNITZEL MIT PARADEISERN

Zutaten für 4 Personen

4 Hühnerschnitzel à 200 g
200 g Blattspinat
4 dünne Scheiben Emmentaler
2 Eier
50 g Parmesan (gerieben)
250 ml Pelati-Tomaten
1 kleine Zwiebel
100 g Butter
ca. 1 EL Paradeismark
$^{1}/_{16}$ l Weißwein
Salz, Pfeffer, Zucker
Suppenwürfel
Mehl
Öl

Zubereitung

- Blattspinat putzen, waschen, kurz in kochendes Wasser legen, danach kalt abschrecken und gut ausdrücken.
- Hühnerschnitzel dünn klopfen, mit dem Spinat belegen, mit Salz und Pfeffer würzen. Je eine Scheibe Emmentaler darauf legen, die Schnitzel zusammenklappen.
- Die klein geschnittene Zwiebel in etwas Butter anschwitzen, den Zucker zugeben. Paradeismark einrühren und mit Weißwein ablöschen. Die grob geschnittenen Pelati-Tomaten beifügen und mit Salz und Pfeffer abschmecken.
- Eier mit Parmesan gut verrühren. Hühnerschnitzel in Mehl wenden und durch die Eier ziehen. In einer Pfanne Öl erhitzen und die Schnitzel beidseitig backen. Aus der Pfanne nehmen und mit Küchenpapier entfetten.
- Mit den Paradeisern auf Tellern anrichten, mit Parmesan bestreuen. Dazu passen Petersilienkartoffeln.

AMÉLIE KIESSLER

Andi

WIE WAR'S?

„Am Anfang war ich nervös, man ist verleitet, ständig in die Kamera zu schauen. Aber jetzt, wo ich es erlebt habe, kann ich mir vorstellen, im Fernsehen zu arbeiten. Vor der Kamera, hinter der Kamera, vielleicht sogar als Moderatorin?"

Das kreative Kochen hat Amélie bei ihrer Mutter gelernt. Sie erfand fantasievolle, lustige Namen für ihre Gerichte und bunte Dekors, denn so wollte Mama ihre Kinder verlocken, mehr Gemüse zu essen. Auch Amélies Lieblingsgericht „Flamingo" ist so eine Kreation: Hühnergeschnetzeltes mit Champignons und rotem Paprika, daher auch die rosa Farbe, die an einen Flamingo erinnert. Crêpes in allen Variationen sind Amélies große Leidenschaft: „Mit meinem eigenen Crêpe-Eisen kann ich ganz leicht duftige, leckere Gerichte zubereiten!"

Amélie liebt Frankreich und die französische Küche, Paris hat sie verzaubert, es ist die Stadt ihrer Träume.

Amélies größter Wunsch ist, ein Auslandssemester in Paris zu absolvieren, um ihren Master in Publizistik zu machen und in Paris leben zu können.

Bis dahin fährt sie gerne einmal im Jahr mit Mama an die Côte d'Azur, nach Nizza, da lassen sich die Damen dann kulinarisch verwöhnen und tauchen ein mit allen Sinnen in die köstliche französische Lebensart ...

FLAMINGO

Zutaten für 4 Personen

500 g Hühnerfilet
1–2 Zwiebeln (klein geschnitten)
400 g Champignons (geputzt und geviertelt)
250 g Crème fraîche
Paprikapulver (edelsüß)
Salz, Pfeffer
Öl zum Braten
500 g Bandnudeln

Zubereitung

- Etwas Öl in eine Pfanne geben und die klein geschnittenen Zwiebeln darin anbraten.
- Das Fleisch in mundgerechte Stücke schneiden, zu den Zwiebeln hinzufügen und anbraten. Danach die geviertelten Champignons hinzugeben und anbraten. Crème fraîche einrühren und mit Salz, Pfeffer und Paprikapulver würzen.
- Bandnudeln in Salzwasser nach Packungsanleitung kochen.
- „Flamingo" mit gekochten Bandnudeln servieren.

HELMUTH GRUBER

WIE WAR'S? *Andi*

„Es war eine richtige Gaudi, wir haben sogar gesungen, den ‚steirischen Brauch', Andi hat angestimmt und Alex und ich sind locker eingefallen, das war wirklich stimmig!"

Das „Toag-Hendl"-Rezept hat Helmuth von seiner Großmutter, die Bäuerin war, geerbt. Da blieb neben Feld, Hof und Stall nicht viel Zeit zum Kochen, es musste schnell gehen und möglichst wenig Arbeit machen. Das Lieblingsrezept der Kinder war aber immer das „Huhn im Backteig", da war die Beilage der flaumige Teig, fast wie ein Kuchen, die Hendlstücke zart und saftig und die Großmutter brauchte sich während der Backzeit im Rohr auch um nichts zu kümmern. Heute verwöhnt Helmuth seine Frau kulinarisch mit herzhafter Hausmannskost und seine Enkelkinder wünschen sich stets Lasagne oder Hühner Cordon Bleu.

Als ehemaliger Geschäftsführer wollte Helmuth dann in seiner Pension auch für andere Menschen Gutes tun und trat 2008 der Organisation „Help 4 Kids" bei. Mittlerweile ist er Obmann des Vereins und organisiert Veranstaltungen, um Spenden zu sammeln. Da Helmuth gerne Golf spielt, ist die Hauptveranstaltung natürlich ein Golfturnier und mit seinem Chor gibt er gerne auch kleine Konzerte für den guten Zweck. Mit diesen Spenden fördert der Verein Familien mit behinderten Kindern und gibt ihnen die Möglichkeit, betreuten Urlaub zu erleben. Über 50 Familien hatten schon die Möglichkeit, diesen Urlaub in Anspruch zu nehmen, und besonders freuen Helmuth dann die berührenden Dankesbriefe der Familien!

HENDL IM BACKTEIG

Zutaten für 4 Personen

1 Huhn, ca. 1 kg (zerlegt in 2 Oberkeulen, 2 Unterkeulen, 2 Flügerln, 4 Bruststücke)
ca. ½ l Milch
ca. 500 g Mehl (Type Universal oder glatt)
4 Eier
1 große Zwiebel
2–3 Zehen Knoblauch
Salz, Pfeffer
Öl, Butter

Für den Salat:
1 Kopf Grazer Krauthäuptelsalat oder Vogerlsalat
100 g Kirschparadeiser
1 Zehe Knoblauch
100 g Speckwürfel
Salz, Essig
Apfelbalsam-Essig (oder Apfelessig „naturtrüb")
steirisches Kernöl

Zubereitung

- Zwiebel schälen und fein schneiden. In einer größeren Bratpfanne Zwiebel und gehackten Knoblauch in etwas Öl und Butter anrösten. Die Hühnerteile salzen, pfeffern und scharf an allen Seiten anbraten.
- In einer Schüssel aus Mehl, Milch, Eiern und Salz einen Backteig rühren.
- Die Hühnerteile in der Pfanne verteilen und mit dem Teig gleichmäßig übergießen. Im Rohr bei ca. 180 °C 1–1¼ Stunden backen. Am Ende der Backzeit sollte der Teig goldbraun und das Fleisch gut durchgegart sein.
- Den Salat putzen und in mundgerechte Stücke zerteilen. Salat und Kirschparadeiser mit fein geschnittenem Knoblauch, Apfelessig, Kernöl und gerösteten Speckwürferln anmachen.

YANXIA NOVOTNY

HALB-FINALIST
★
Andi

WIE WAR'S?

„Ich hatte großen Spaß, denn Spaß ist mir beim Kochen sehr wichtig, da kann ich meiner Fantasie freien Lauf lassen. Andi und Alex sind sehr lustig, sehr einfühlsam, sie haben sich sehr bemüht, dass ich mich wohl fühle, haben mir geduldig erklärt, wie es läuft. Aber ich habe auch ihnen etwas beigebracht, nämlich den Trick mit dem Reiskocher. Und ich habe noch viele Tricks auf Lager!"

„Essen ist für Chinesen der Himmel des Volkes." Wer in China einen anderen Menschen grüßt, der fragt nicht, „Wie geht es dir?", sondern „Hast du schon gegessen?" Gutes Essen ist für Chinesen Bestandteil des Lebens, so auch für Yanxia („Jensia" ausgesprochen), die ihre Familie und Freunde am liebsten mit der kantonesischen Küche aus ihrer Heimat verwöhnt: „Es gibt vier bekannte regionale Kochstile in China, aber man sagt, dass die kantonesische Küche die beste sei, wegen ihrer Schärfe und des pikanten Geschmacks."
Yanxia studierte in ihrer Heimat Kanton Germanistik. Nach Abschluss ihres Studium begann sie für eine staatliche Reiseagentur als Fremdenführerin für deutschsprachige Gäste zu arbeiten. Sie betreute auch hochrangige Wirtschafts- und Politikerdelegationen, die vom chinesischen Staat eingeladen wurden. So lernte Yanxia auch ihren Mann kennen, einen Österreicher. Es war die berühmte „Liebe auf den ersten Blick" und im Juli 1995 übersiedelte sie nach Österreich, wo sie bald darauf heirateten.
Yanxia variiert gerne zwischen den Welten, sie kocht aus Überzeugung nach dem Prinzip der 5 Elemente, im Winter wärmende Speisen, im Sommer Kühlendes. Ihre liebste Zutat? „ Eine Prise Liebe ..."

RINDFLEISCH MIT FISOLEN IN SCHARFER SCHWARZER BOHNENSAUCE

Zutaten für 4–6 Personen

Für die Marinade:
1 TL Ingwer (in kleine Stifte geschnitten)
1 ½ TL Sojasauce, ½ TL Stärkemehl
¼ TL Salz, ½ TL Zucker
etwas Öl

Für das Rindfleisch und die Fisolen:
500 g Rindfleisch (in 2–3 mm dicke Scheiben geschnitten)
500 g breite grüne Bohnen (Fisolen)
1 ½–2 EL scharfe schwarze Bohnensauce
3 Knoblauchzehen
Salz, Zucker, Sojasauce
Öl zum Braten

Zubereitung

- Rindfleisch mit Ingwer, Sojasauce, Stärkemehl, Öl, Salz und Zucker ca. 10 bis 15 Minuten vor der Zubereitung marinieren. In einer Pfanne etwas Öl erhitzen, etwas klein geschnittenen Knoblauch darin anschwitzen. ½ EL Bohnensauce hinzufügen, Rindfleisch dazugeben und unter ständigem Rühren 3 bis 5 Minuten schnell anbraten. Das gebratene Rindfleisch beiseite stellen.
- In einer Pfanne etwas Öl erhitzen und etwas Knoblauch anschwitzen. ½ EL schwarze Bohnensauce hinzufügen, dann die geputzten Fisolen hinzufügen und bei ständigem Rühren schnell anbraten. Einen Schuss Wasser hinzufügen, kurz zudecken und bissfest dünsten. Mit Salz, Zucker und Sojasauce abschmecken. Zum Schluss das Rindfleisch wieder dazugeben, durchmischen und eventuell noch mit etwas schwarzer Bohnensauce abschmecken.
- Mit Reis servieren.

HERBERT TAUCHNER

Andi

WIE WAR'S?

„Die Atmosphäre war toll, man konnte menschlich reden, wie einem der Schnabel gewachsen ist. Am Anfang war ich nervös, aber dann hab ich mich gefühlt, als ob ich daheim in der eigenen Küche stehe und koche."

„Die Feinheiten und die exquisiten Sachen" hat Herbert von seinem Bruder gelernt, als der die Ausbildung zum Koch machte: „Da hab ich einfach mitgelernt ..." Schon in seiner Kindheit durfte Herbert ab und zu in der Küche helfen, kalte Platten und belegte Brötchen waren sein kulinarisches Revier. Er kocht gerne nach Gefühl, ist ständig auf der Suche nach Neuem, bastelt an seinen Gerichten und durchs Abschmecken und Kosten verändern sich seine Rezepte ständig.

Das Basteln und Entdecken ist überhaupt Herberts Welt. Als begeisterter Modelleisenbahnbauer gestaltet und steuert er gemeinsam mit seinem Neffen eine moderne Eisenbahnanlage, mit originaltreuen Darstellungen von Gebäuden, Gleisanlagen und Fahrzeugen, alles selbst gebaut. Als ehemaliger Kraftfahrzeugmechaniker ist Herbert für die gesamte Elektronik verantwortlich, auf der Anlage ziehen heute Waggons, Busse, LKW und PKW ohne Schienen ihre Runden, rauchen Schornsteine und blinken Ampeln.

Für das Bauen von Straßen, Häusern und Grünflächen ist sein Neffe zuständig, der praktischerweise selbst Tischlermeister ist. Und so entstehen in vielen kleinen Schritten und Arbeitsstunden originalgetreue Landschaften, mit Schluchten und Felswänden im Kleinformat ...

KLASSISCHE RINDSROULADE

Zutaten für 4 Personen

4 Rindsschnitzel à 180–200 g
Salz, Pfeffer, Senf
8 dünne Scheiben Speck
2 Karotten
2 gelbe Rüben
2 Essiggurkerln
1 Zwiebel (klein geschnitten)
2 Zehen Knoblauch (klein geschnitten)
ca. ½ l Rindsuppe
Öl und Butter

Zubereitung

- Rindsschnitzel klopfen, mit Salz und Pfeffer würzen, mit Senf bestreichen.
- Karotten, gelbe Rüben und Gurkerln in feine Streifen schneiden.
- Speck, gelbe Rüben, Karotten und Gurkerln auf die Rindsschnitzel legen und einrollen. Die Rouladen mit Zahnstochern fixieren.
- Die Rouladen in Butter und Öl anbraten, danach wieder aus der Pfanne nehmen. Zwiebel, Knoblauch und restliches Gemüse im Bratenrückstand anrösten, mit Rindsuppe aufgießen. Die Rouladen wieder in die Sauce legen und im Backrohr bei 180 °C 1½ bis 2 Stunden (Zeit abhängig von der Fleischqualität) weich dünsten. Sauce je nach persönlichem Gusto vor dem Servieren passieren. Mit Teigwaren servieren.

ALEXANDER MAYER

HALB-FINALIST ★ Andi

WIE WAR'S?

„Es war eine große Ehre, außergewöhnlich und atemberaubend ... Ich war sehr nervös, aber Andi hat mich beruhigt, es war eine faszinierende Erfahrung!"

Schon in der Volksschule hat Alexander seinen ersten Kochkurs gemacht und er stand lieber in der Küche, um mit Mama zu kochen, als am Fußballplatz dem runden Leder hinterherzujagen wie die meisten Jungen in seinem Alter. Er kocht auch gerne zu Hause für die Familie, was bei seiner Mutter manchmal gemischte Gefühle auslöst: „Die Mama ist zwar glücklich, dass ich kochen kann, aber ein bisschen unglücklich, weil die Küche dann ziemlich verwüstet ist ..."

In seiner Freizeit engagiert sich Alexander auch als Jugendbeauftragter im Pfarrgemeinderat und war sogar schon einmal im Vatikan eingeladen, bei einem internationalen Jugendtreffen. Alexander studiert internationales Dienstleistungs-Management an der HBLA Baden und ist auch in der Schule kulinarisch engagiert. Zu großen Anlässen kocht er dann gerne auch für 120 Personen, Lieblingsrezept: Rindsuppe. Dass auch der beste Koch mal danebengreift, hat auch Alexander erlebt: „Als ich wieder einmal für das Schulrestaurant meine Rindsuppe kochen sollte, habe ich statt Salz Vanille erwischt. Da hat die Suppe dann ein bisschen exotisch geschmeckt ..."

KALBSBRATEN MIT GRIESSKNÖDELN UND SPARGEL

Zutaten für 5 Personen

600 g Kalbsschulter
Salz, Pfeffer, Senf, etwas Sonnenblumenöl
1 Bund Wurzelwerk, 1–2 Zwiebeln
1 ½ l Bouillon
Piment, Wacholder, Pfefferkörner
Lorbeerblatt, Tomatenmark, 250 ml Rotwein

Für die Grießknödel:

700 ml Milch
60 g Butter
Salz, Muskatnuss
300 g Weizengrieß
4 Eier, 2 Eidotter
4 Semmeln

Für das Spargel-Paprikagemüse:

1 Bund grüner Spargel
etwas Butter, etwas Zucker
Salz, Pfeffer, ½ Zitrone, 1 Semmel
4 rote Paprika

Zubereitung

- Die Kalbsschulter mit Senf einreiben, salzen und pfeffern. Das Fleisch in etwas Öl rundum scharf anbraten. Fleisch herausnehmen und das grob geschnittene Wurzelwerk sowie die gehackten Zwiebeln im Bratenrückstand anschwitzen. Etwas Tomatenmark zugeben und kurz mitrösten, mit Rotwein ablöschen und mit einer Bouillon aufgießen. Die Gewürze und das angebratene Fleisch zugeben und weich schmoren (ca. 1 Stunde). Einen Teil des Wurzelwerks mit dem Saft pürieren, mit Salz und Pfeffer abschmecken.
- Für die Grießknödel Milch und Butter mit Salz aufkochen und den Weizengrieß langsam einkochen. Die Masse in eine Schüssel füllen und auskühlen lassen. Die Eier und die Eidotter verrühren und in die Grießmasse beifügen. Entrindete Semmeln in kleine Würfel schneiden und in Butter anrösten. Semmelwürfel in die Grießmasse geben und mit Salz und Muskatnuss abschmecken. Knödel daraus formen und in Salzwasser 20–25 Min. kochen.
- Den Spargel schälen, in ca. 1½ cm große Stücke schneiden und in Wasser mit etwas Zucker, Salz, Zitrone und der Semmel einige Minuten kochen. Der Spargel soll knackig bleiben!
- Paprika in Rauten schneiden und in einer Pfanne in etwas Butter anschwitzen. Zum Schluss den knackig gekochten Spargel hinzufügen und mit Salz und Pfeffer abschmecken.
- Kalbsbraten in Scheiben schneiden und mit dem Saft, den Grießknödeln und Spargel anrichten.

PETRA FRÜHWIRTH

Andi

WIE WAR'S?

„Ich war sehr aufgeregt, aber ich habe mich sehr wohl gefühlt bei Andi und Alex!"

Als echte Steirerin wollte Petra auch ein traditionelles steirisches Gericht kochen: „Die Ripperln vom Mangalitza-Schwein sind typisch bei uns in der Südoststeiermark und auch der Käferbohnensalat hat Tradition im Steirischen Buschenschank. Man kann die Ripperln sowohl als warme Hauptspeise essen als auch als kalte Jause. Bei uns geht man Ripperln essen zum Buschenschank!"

Die Schwiegereltern haben einen kleinen Weinbaubetrieb, mit Welschriesling, dem „typischen Steirer", Weißburgunder und Zweigelt. „Ein kleiner Teil ist auch Uhudler, wir sagen immer der ‚Heckenklescher', aber den trinken wir gerne abends in der Laube."

Petra kocht gerne mit Wein, verfeinert vor allem die Saucen mit Zweigelt oder Weißburgunder, denn auch das hat Tradition in der Steiermark.

In ihrer kargen Freizeit frönt die Mutter einer 5-jährigen Tochter sehr musischen Hobbys. Sie tanzt gerne und seit Kurzem hat sich Petra einen Kindheitstraum erfüllt: Sie lernt Klavier spielen: „Ich liebe die Musik, ich müsste halt nur mehr üben ..."

SCHWEINSRIPPERLN MIT KÄFERBOHNENSALAT

Zutaten für 4 Personen

$\frac{1}{2}$–1 kg Schweinsripperln

Für die Marinade:

4 EL flüssiger Honig
4 EL Tomatenmark
1 EL Sojasauce
4 Knoblauchzehen (gepresst)
$\frac{1}{2}$ EL edelsüßes Paprikapulver
Salz, Pfeffer
Öl für das Blech

Für den Käferbohnensalat:

300 g Käferbohnen
2 kleine rote Zwiebeln
1 Lorbeerblatt
$\frac{1}{16}$ l Apfelessig
$\frac{1}{16}$ l Kernöl
2 EL geriebener Kren
Salz, Pfeffer

Zubereitung

- Die Ripperln salzen und pfeffern.
- Für die Marinade Honig, Tomatenmark, Sojasauce, Knoblauch und Paprikapulver verrühren. Die Ripperln mit der Marinade einreiben und mindestens 3 Stunden durchziehen lassen (noch besser: Schon am Vortag einreiben). Ein Backblech mit Alufolie belegen und diese mit Öl bestreichen. Die Ripperln im Rohr bei ca. 180 °C ca. 1 Stunde (je nach Stärke) braten bzw. grillen.
- Für den Salat die Käferbohnen 24 Stunden in Wasser einweichen und anschließend im Einweichwasser mit Lorbeerblatt und Salz weich kochen. Mit roter Zwiebel, Apfelessig, Kernöl, Salz und Pfeffer marinieren. Zum Schluss noch frisch geriebenen Kren zugeben.
- Die Ripperln mit dem Käferbohnensalat servieren.

ILSE DIGBY

WIE WAR'S? Andi

„Es hat mir gut gefallen, Andi ist ein sehr sympathischer, lustiger Mensch. Und nach den ersten paar Sekunden ist die Nervosität von mir abgefallen und ich hab das Kochen gut im Griff gehabt!"

Früher hat Ilse gekocht, um zu essen, heute kocht sie, um zu genießen. Eigentlich ist Ilse ja eine Spät-Starterin, was die Küchen-Karriere betrifft. In jungen Jahren ging sie für fünf Jahre nach Louisiana, um das Versicherungs- und Bankwesen bei einer der berühmtesten Institute der Welt, der „Bank of America", zu studieren. Dass das Kochen sie in dieser Zeit nur marginal interessierte, liegt auf der Hand, bevorzugten doch ihre amerikanischen Freunde das Ausgehen in Restaurants und hin und wieder gönnte man sich einen Hamburger bei einer der Burgerketten. Trotzdem war Ilse überrascht von der Vielfalt an Lebensmitteln, die es in den amerikanischen Supermärkten gab. Obwohl Ilse die Zeit in Amerika genoss, zog es sie wieder heim nach Oberösterreich, wo sie bald mit ihrem BWL-Studium begann. Das Studium frustrierte sie aber manchmal so sehr, dass sie mit dem Kochen anfing. Anfangs, um sich zu entspannen, später aus Neugier und schlussendlich aus Überzeugung. Hausmannskost ist Ilses bevorzugte kulinarische Linie, sie hat sogar schon einen Knödelwettbewerb gewonnen!

KALBSFILET, GEFÜLLT MIT PINIEN-NUSS-BUTTER

Zutaten für 4 Personen

2 Kalbsfilets à 400 g (dicke Mittelstücke)
50–80 g weiche Butter
1–1 ½ EL Semmelbrösel
80 g Pinienkerne, 80 g Walnüsse (oder Pekannüsse)
Salz, Pfeffer
Butterschmalz
Thymianzweig, Rosmarinzweig
braune Butter

Für das Kartoffelpüree:

600 g Kartoffel (mehlig), geschält, geviertelt
1 kleine Chilischote
1 Lorbeerblatt
1 Scheibe Ingwer, Salz
ca. 200 ml Milch
Pfeffer, Muskatnuss
50 g kalte Butter

Für die Kartoffelpuffer:

600 g Kartoffel (speckig-festkochende Sorte)
1 Ei, Salz, Pfeffer
Öl und Butter zum Braten

Zubereitung

- In die Kalbsfilets mit einen Kochlöffel mittig der Länge nach ein Loch bohren. Pinienkerne und Nüsse rösten.
- Die Butter in einer Schüssel mit einer Prise Salz schaumig schlagen. Die Semmelbrösel und die abgekühlten Nüsse untermischen. Buttermasse in einen Spritzbeutel geben und in das Loch der Kalbsfilets füllen. Filets mit Salz und Pfeffer würzen.
- Kalbsfilets in Butterschmalz anbraten, im auf 120 °C vorgeheizten Rohr etwa 20 Minuten gar ziehen lassen. Gegen Garende Thymian und Rosmarin auf das Fleisch legen und wenden.
- Für das Püree Kartoffelviertel auf einen Dämpfereinsatz legen und über mit Chilischote, Lorbeerblatt und Ingwer gewürztem Salzwasser weich garen. Durch eine Presse in einen Topf drücken. In einem Topf Milch mit Salz, Pfeffer und Muskatnuss aufkochen. Kalte Butterwürfel unter die heißen Kartoffeln mischen. Die heiße Milch dazugeben und verrühren.
- Für die Puffer Kartoffeln schälen, grob raspeln und in Wasser legen. Sorgfältig ausdrücken, mit dem Ei vermengen, mit Salz und Pfeffer abschmecken. Einen Metallring (ø 8 cm) mit Öl auspinseln. In einer Pfanne etwas Öl und Butter erwärmen, den Ring ins Öl legen. Die Kartoffelmasse eher dünn einfüllen, Ring entfernen und beide Seiten goldbraun braten.
- Zum Anrichten das Püree in einen Dressiersack geben und beginnend mit Puffer aufeinanderschichten. Mit dem Spinat und dem in Scheiben geschnittenen Fleisch servieren.

KARL HOLZSCHUSTER

Alex

WIE WAR'S?

„Der Tipp mit dem Dip, also die Sauce schon am Vortag vorzubereiten, war genial von Alex. Alle zwei sind ganz lockere ‚Haberer', das ganze Team ist freundlich, alles läuft sehr familiär ab. Ich hab mich schon ein bisschen wie ein Star gefühlt, das ist ein lässiges Gefühl ..."

Karl ist ein echter „Steirerbua" aus der Umgebung von Graz, mit der Lizenz zum Grillen. Er ist der „Spanferkel-Experte" seines Fußballvereins und bei jedem größeren Fest am Fußballplatz ist Karl ein gefragter Koch, denn keiner grillt die Sau so gut wie er.

Das Geheimnis des perfekten Spanferkels hat ihm einst ein Kollege beim Bundesheer erzählt: „Die Sau wird im Ganzen gegrillt, mit einem scharfen Messer die Schwarte einschneiden und dann einreiben mit Knoblauch und diversen Kräutern. Das Geheimnis des zarten Fleisches aber ist das Einspritzen einer Salz-Knoblauch-Lösung direkt ins Fleisch. Auf eine 70-kg-Sau kommen circa 5 Liter Lösung, dadurch wird das Fleisch von innen gegart und der Geschmack bleibt saftiger und würziger"!

Weil aber so viel „saftige Sau" nicht gerade zur schlanken Linie beiträgt, läuft sich Karl neuerdings beim Halbmarathon wieder in Form. Vor einem Jahr ist es ihm zum ersten Mal gelungen, schlank und durchtrainiert ins Ziel zu kommen. Seither macht auch das Grillen wieder Spaß. Und die perfekte Garzeit ist sowieso Gefühlsache: „Das ist Erfahrung, das kann man nicht sagen, aber ungefähr 20 Bier lang ..."

BEIRIEDSCHNITTE MIT ERDÄPFELSPIRALEN

Zutaten für 4 Personen

4 Scheiben Beiried à ca. 200 g
1 EL Butterschmalz
Pfeffer, 1 EL Meersalz
1 Stamperl Cognac

Für die Erdäpfelspiralen:

2 große Beilagenerdäpfel
1 l Speiseöl zum Frittieren
Salz

Für die Knoblauch-Sauerrahm-Sauce:

200 g Sauerrahm
100 g Joghurt (stichfest)
4 Knoblauchzehen
1 Prise Salz
1 Bund Schnittlauch

Zubereitung

- Für die Sauce Sauerrahm, Joghurt, gehackte Knoblauchzehen und fein geschnittenen Schnittlauch verrühren und mit Salz abschmecken. Als Dip zu den Erdäpfelspiralen servieren. Eine schwere Pfanne mit Butterschmalz auf maximale Temperatur erhitzen. Die Beiriedscheiben einlegen und auf jeder Seite jeweils 2 bis 3 Minuten braten. Mit Salz und Pfeffer würzen und mit Cognac ablöschen und flambieren. Die Pfanne mit dem Fleisch in das auf 80 °C vorgeheizte Rohr stellen und etwa 10 Minuten rasten lassen.
- Für die Beilage die ungeschälten Erdäpfel mit einem Akku-Schrauber in der Schneidevorrichtung zu Spiralen schneiden und das Frittieröl auf 180 °C erhitzen. Die Spiralen in heißem Öl knusprig frittieren. Mit Küchenpapier abtupfen und vor dem Servieren salzen.

RENATE EDELHOFER

WOCHEN SIEGER
*
Andi

WIE WAR'S?

„Ich war das erste Mal in einer Koch-Show und kannte Andi und Alex ja nur aus dem Fernsehen. Mir war schon klar, dass die beiden gut kochen können, aber dass sie mit Witz und Humor so toll kochen, das war ein Erlebnis der besonderen Klasse ..."

„Für zwei Leute koch ich nicht, ich fang erst ab 6 bis 10 Gästen zum Kochen an!" Freunde sind bei Renate immer willkommen, denn ihre Küche ist beliebter Treffpunkt der großen Freundesschar: „Es ist so schön, weil Renate uns alle in ihr Kochen mit einbezieht, das Kosten ist am Schönsten!" Da stehen sie dann alle in der geräumigen Küche, trinken und tratschen, rühren in den Kochtöpfen und verbreiten gute Laune. Der Köchin gefällt's und die Gäste werden mit feinster österreichischer Kochkunst belohnt. Gastfreundschaft wird hier großgeschrieben, da biegt sich die Tafel und der Tisch ist immer gedeckt! Renate kocht kreativ und gibt jedem Rezept ihre persönliche Note: „Ich koche gerne mit einem Schuss Alkohol, sogar ins Gulasch kommt noch Bier rein, da mach ich dann beim Kochen auch gleich selbst einen Schluck ..."

Renates Einladungen sind schon ein Klassiker, die Gäste fühlen sich wohl und wissen, wo der Wein im Keller liegt, und so wächst die kulinarische Fan-Gemeinde stetig. Als einmal eine Freundin in ausgelassener Runde verzückt von der Kochkunst der Gastgeberin schwärmte, fragte ein Bekannter ganz unbedarft: „Sag, wo hat denn Renate ihr Lokal?"

GESCHMORTER OCHSENSCHLEPP MIT KOHLSPROSSEN UND ERDÄPFELPÜREE

Zutaten für 4–6 Personen

2 kg Ochsenschlepp (dicker Teil, in Scheiben geschnittten)
Olivenöl, Salz, Pfeffer
100 g Zwiebeln
360 g Wurzelwerk (Karotten, Sellerie, Petersiliewurzel)
70 g Tomatenmark
Rotwein, Rindsuppe
Lorbeerblätter, Thymian, ganze Pfefferkörner

Für das Püree:

600 g Erdäpfel (mehlig kochende Sorte)
Salz, Kümmel
2 EL Butter, ¼ l Milch

Außerdem:

400 g Kohlsprossen
Salz, Pfeffer
Knoblauch, Olivenöl

Zubereitung

- Ochsenschlepp salzen, pfeffern und in etwas Öl auf beiden Seiten sehr braun anbraten. Aus der Pfanne heben und in eine Kasserolle geben.
- Im Bratensatz klein geschnittene Zwiebeln und das geschälte, würfelig geschnittene Wurzelwerk braun anrösten. Mit Rotwein und Rindsuppe ablöschen und etwas einkochen. Zum Ochsenschlepp in die Kasserolle gießen und mit Tomatenmark, Lorbeerblättern, Thymian und ganzen Pfefferkörnern zugedeckt bei 180 °C in ca. 1½ bis 2 Stunden weich schmoren.
- Für das Erdäpfelpüree die geschälten Erdäpfel vierteln und in Salzwasser mit Kümmel weich kochen. Die Butter in eine Rührschüssel geben, die noch heißen Erdäpfel beigeben und während des Rührens Milch und Salz beigeben.
- Die Kohlsprossen in Salzwasser knackig weich kochen, anschließend abtropfen lassen. Vor dem Servieren in Olivenöl schwenken, mit Salz, Pfeffer und zerdrücktem Knoblauch würzen.
- Den geschmorten Ochsenschlepp mit Kohlsprossen und Erdäpfelpüree auf Tellern anrichten.

JOHANN KLVANA

WOCHEN SIEGER ★ Alex

WIE WAR'S?

„Am Anfang war ich sehr nervös, aber die Zusammenarbeit mit Alex war sehr beruhigend. Und bei meinem Hoppala, als mir beim Anbraten der Zwiebeln für den Zwiebelrostbraten das heiße Fett übergegangen ist, hat Alex mir sofort geholfen und sowohl die Situation als auch die Zwiebeln gerettet!"

Johann kocht mit Leidenschaft, steht oft bis zu 30 Stunden pro Woche in der Küche. Was ja auch kein Wunder ist, versorgt Johann doch seine Großfamilie kulinarisch. Bei 3 Kindern und 11 Enkelkindern gibt es viele hungrige Mäuler zu stopfen, und bei Opa schmeckt es sowieso am besten.
Am liebsten kommt bei Johann deftige Hausmannskost auf den Tisch, vor allem seine gefüllten Braten liebt die Familie. Auch seine Suppen sind legendär. So bereitet Johann schon mal 10 bis 15 Liter Suppe pro Woche für seine Schar zu, und wie viele Kilo Kartoffeln er so verkocht, das hat er erst gar nicht gezählt.
Kochbücher braucht Johann keine, er lernt aus der Praxis, vom Zusehen und Probieren, und wenn er nicht weiter weiß, dann fragt er seine Frau. Besonders gerne sieht er die Kochsendungen von Andi und Alex. Und als er einmal Gast bei einer Aufzeichnung war, hat er sich vor lauter Begeisterung gleich selbst an Ort und Stelle als Kochchampion beworben.
Seine Familie ist natürlich mächtig stolz, dass es der Opa mit seiner Hausmannskost sogar bis in Finale geschafft hat!

ZWIEBELROSTBRATEN

Zutaten für 2 Personen

2 Scheiben Rostbraten (oder Beiried)
Öl und Butter zum Braten
2 Zwiebeln
Mehl, Salz, Pfeffer
$^1/_4$ l Rindsuppe
Zucker, Essig, Öl
$^1/_2$ Bund Schnittlauch (fein geschnitten)
3 mittelgroße Erdäpfel (speckige Sorte, gekochte und geschält)
Häuptelsalat oder Chinakohl-Salat

Zubereitung

- Fleischscheiben leicht klopfen, den Rand einschneiden. Fleisch mit Salz und Pfeffer würzen und eine Seite in Mehl tauchen.
- In einer Pfanne etwas Öl und Butter erhitzen und die Rostbraten zuerst mit der bemehlten Seite anbraten, dann wenden, fertig braten. Den Bratenrückstand mit Rindsuppe aufgießen, die Rostbraten kurz darin wenden. Das Fleisch auf Tellern anrichten und mit dem Bratensaft übergießen.
- Für die Röstzwiebel Zwiebeln schälen und in nicht zu dünne Scheiben schneiden, mit Mehl stauben und in heißem Fett schwimmend goldbraun frittieren. Die Röstzwiebeln aus dem Fett heben und auf Küchenpapier abtropfen lassen.
- Für die Braterdäpfel Erdäpfel in Scheiben schneiden und auf ein Backblech legen. Mit Butterwürfeln belegen und im Backrohr bei 180 °C goldgelb braten.
- Den Salat putzen und schneiden, waschen und trocken schleudern. Aus Schnittlauch, Essig, Öl, Zucker und Salz eine Marinade rühren und den Salat damit anmachen.
- Geröstete Zwiebeln auf das Fleisch legen, mit dem Saft und den Bratkartoffeln servieren. Salat separat dazu reichen.

CHRISTINE RIEPL

Alex

WIE WAR'S?

„Ich habe mich sehr gut aufgehoben gefühlt, Alex ist sehr sympathisch und das Briefing war gut. Ich bin das Ganze sehr entspannt angegangen, denn als ehemalige Winzerkönigin bin ich das Lächeln in die Kamera ja gewöhnt!"

Sie ist nicht nur ein Christkind, geboren am 24. Dezember, sondern auch Weinkönigin. Als Burgenländische Weinkönigin 1992, und 1993 auch als Österreichische Weinkönigin, ist sie viel gereist, besonders Belgien ist ihr als kulinarisches Highlight in Erinnerung geblieben. Wegen des herrlichen Essens und „weil da ein Abendessen oft viele Stunden gedauert hat, da wurde geschlemmt, fast wie bei Asterix".

Christine kocht als echte Golserin gerne mit Wein, „im Golser Hochzeitsbraten geht leicht eine Flasche Rotwein auf!"

Das Kochen hat ihr die Großmutter beigebracht, denn nach dem frühen Tod der Mutter musste Christine selbst den Kochlöffel in die Hand nehmen. Unterstützt von den guten Ratschlägen der Oma führte sie ein handgeschriebenes Kochbuch, wo sie alle Rezepte, Tipps und Tricks notierte. Das Büchlein bewahrt Christine fürsorglich für ihre Töchter auf, sie selbst kann ja die Rezepte auswendig.

Wenn daheim im eigenen Weingut Verkostungen oder Kellerfeste stattfinden, dann serviert Christine den Gästen gerne selbst gebackenes Brot und Gebäck, das hat sie von der Schwiegermutter gelernt. Und wenn sie nicht gerade für die Familie oder Gäste kocht, dann singt Christine in einem Gospelchor, zur Entspannung.

GOLSER HOCHZEITSLUNGENBRATEN

Zutaten für 4 Personen

800 g Rindslungenbraten
200 g gewürfeltes Wurzelgemüse
(2 Teile Karotten, 1 Teil Petersilie und Sellerie)
1 Zwiebel (klein geschnitten)
1 Scheibe Bauchspeck
Fett zum Anbraten
2 Lorbeerblätter, einige Pfefferkörner
Thymian (frisch oder getrocknet)
Salz
2 EL Mehl
1 KL Paradeisermark
1 l Wasser
1 EL Sauerrahm
1 Schuss Rotwein

Für die Rotweinnudeln:

400 g glattes Mehl
2 Eier
⅛ l dunkler Rotwein (St. Laurent)
ca. ½ l dunkler Rotwein fürs Nudelwasser

Zubereitung

- Lungenbraten salzen und in sehr heißem Fett von allen Seiten anbraten. Die Speckscheibe im Ganzen mitbraten.
- Fleisch aus der Pfanne nehmen und im selben Fett das Wurzelgemüse und die Zwiebel anrösten. Paradeisermark mitrösten, dann mit dem Mehl stauben, nochmals kurz rösten, mit Lorbeerblättern, Pfefferkörnern, Thymian und Salz würzen. Mit Wasser aufgießen, das Fleisch wieder einlegen und zugedeckt auf dem Herd oder im Rohr bei 160 °C etwa 1½ Stunden schmoren.
- Das weich geschmorte Fleisch aus dem Sud heben und selbigen passieren, mit dem Rahm und dem Wein verfeinern. Das Fleisch in dünne Scheiben schneiden und im Saft servieren.
- Für die Rotweinnudeln Mehl, Eier und Rotwein zu einem glatten Teig verkneten. Teig auswalken und 20 cm lange Nudeln herstellen (händisch oder mit der Maschine). In mit Rotwein vermischtem Wasser (auf 1 l Wasser ¼ l Wein) etwa 2½ Minuten wallend kochen.

MICHAEL LATSCHBACHER

Alex

WIE WAR'S?

„Die Zeit vergeht wie im Flug, der Schmäh ‚is g'rennt' als wären wir am Naschmarkt. Die zwei schaffen eine unglaubliche Stimmung von Anfang an!"

Michael ist Weinliebhaber, am liebsten sind ihm die Smaragde aus der Wachau, aber er schätzt auch ein Glas vom pfeffrigen Grünen Veltliner. Weil sein Büro direkt beim Wiener Naschmarkt liegt, gönnt sich der Immobilienmakler gerne zu Mittag gesundes Slow Food an einem der zahlreichen „Standeln" und dazu ein gepflegtes Glaserl Wein.

Durch die kulturelle und kulinarische Vielfalt am Naschmarkt hat Michael begonnen, sich intensiver mit Lebensmitteln, Obst und Gemüse und deren Zubereitung auseinanderzusetzen. Heute gilt seine Leidenschaft vor allem Gerichten, die zwar schnell zu kochen, aber sehr gesund sind. „Ich mag dieses ‚Healthy Fast Food'. Ich habe in meinem Leben noch nie ein Fertiggericht gekauft."

Auch sein Lieblingsgericht, das „perfekte Steak", ist so ein schneller Dauerbrenner in der Familienküche: „Es muss die perfekten Röstaromen haben, innen schön rosa sein und bei niedriger Temperatur gegart werden!"

Seine beiden Kleinen essen auch sehr gesund und haben für Kinder eigenartige Lieblingsspeisen: Seine Tochte Zoe liebt Fisch, Miesmuscheln in Weißweinsauce und Bouillabaisse, sein Sohn Paprika mit Gurke. Und manchmal beschwert er sich, wieso ihm keine Erdbeeren schmecken, so wie den anderen Kindern!

Früh übt sich, wer ein Feinspitz werden will ...

STEAK MIT BLAUSCHIMMELKÄSESAUCE

Zutaten für 4 Personen

4 Rindsfiletsteaks (nicht zu dünn)
Salz, Pfeffer, Senf
200 g Fourme d'Ambert-Blauschimmelkäse (oder Österkron oder ein kräftiger Gorgonzola)
125 ml Obers
$^1/_{16}$ l Weißwein
etwas Rindsuppe
1 Schalotte
4–5 getrocknete Tomaten
2 Zweige Rosmarin, 2 Zweige Thymian
Öl und Butter zum Braten
200 g Pappardelle

Zubereitung

- Steaks mit Pfeffer und etwas Senf würzen. Das Fleisch in etwas Öl und Butter auf jeder Seite 2 bis 3 Minuten scharf anbraten, dann noch für einige Minuten in das auf 90 °C vorgeheizte Rohr legen.
- Im Bratenrückstand eine klein geschnittene Schalotte anschwitzen, mit Weißwein aufgießen und den Blauschimmelkäse darin schmelzen. Mit etwas Obers aufgießen, aufkochen lassen, mit Salz und Pfeffer würzen. Wenn man die Sauce mit einem Pürierstab bearbeitet, wird sie noch sämiger. Je nach Geschmack einige geschnittene getrocknete Tomaten zugeben und die Sauce je nach Konsistenz mit kalter Butter montieren. Die Steaks vor dem Servieren nochmals kurz in aufgeschäumter Butter mit Rosmarin und Thymianzweigen beidseitig anbraten. Mit Pappardelle servieren.

ROSI BAUER

Andi

WIE WAR'S?

„Ich hab mich auf Andi gefreut, der Wiener Schmäh gefällt mir, die Mischung Wien-Tirol war sehr harmonisch!"

Rosi ist Köchin mit Leib und Seele, seit über 40 Jahren verwöhnt die hauptberufliche Hausfrau und Mutter ihre Lieben mit gediegener österreichischer Hausmannskost. „Ich muss nicht unbedingt etwas Außergewöhnliches kochen, um meine Familie und Gäste zu begeistern!" Zu ihren Standardrezepten zählen Krautrouladen, gefüllte Paprika oder verschiedene Knödelarten. Bei Rosi gibt es nur ein oder zwei Mal in der Woche Fleisch, besonders beliebt sind die Tiroler Speckknödel: „Die Familienmitglieder sind nicht so die Fleischesser."
Mehrmals im Jahr veranstaltet Rosi einen Kochkurs für ihre Kinder und Patenkinder, damit Rosis Kochgeheimnisse auch irgendwann einmal ihren Enkeln zugutekommen! Auch in ihrer Frauenrunde bekochen sich die Freundinnen seit mehr als vier Jahrzehnten, tauschen Rezepte aus und machen mehrmals im Jahr kulinarische Reisen. So auch zu Alex nach Hochfügen, wo sie alle einstimmig der Meinung waren: „Das war das Beste, das wir je gegessen haben." Rosi war auch schon zwei Mal als Kandidatin bei „Frisch gekocht", ihr geht es dabei aber nicht ums Gewinnen, sondern um den Spaß: „Dabei sein ist alles!"

TIROLER SPECKKNÖDEL

Zutaten für 4 Personen

250 g Semmeln vom Vortag, in kleine Würfel geschnitten
50 g Speck
50 g Braunschweiger
etwas Butter
1–2 EL gehackte Petersilie
Salz, Pfeffer
2 Eier
150–200 ml Milch
1 EL Mehl
Öl zum Frittieren

Für das Sauerkraut:
500 g Sauerkraut
1 Zwiebel
1 EL Butterschmalz
$^1/_{16}$ l Suppe
Salz, Zucker, Pfefferkörner
Wacholderbeeren, Lorbeerblatt
20 g Butter, 20 g Mehl
1 Knoblauchzehe
Kümmel

Zubereitung

- Kleinwürfelig geschnittenen Speck und Wurst in etwas Butter anrösten. Gehackte Petersilie, Salz und Pfeffer zugeben und in der Folge mit den Semmelwürfeln vermischen.
- Die Eier mit der Milch verquirlen und über die Semmelwürfel gießen. Zum Schluss das Mehl beifügen und alles gut vermischen.
- Aus der Masse Knödel formen und über Dampf ca. 10 Minuten garen.
- Für das Sauerkraut fein gehackte Zwiebel in Butterschmalz anrösten, Sauerkraut dazugeben, mit Suppe aufgießen, mit Pfefferkörnern, Wacholderbeeren und Lorbeerblatt würzen und ca. 20 min. dünsten. Fein gehackten Knoblauch anschwitzen, Mehl dazugeben, mit Salz, Zucker und etwas Kümmel würzen, zu einer hellen Einbrenn verkochen und das gekochte Sauerkraut darunter mischen.
- Die Knödel in heißem Öl backen und auf dem Sauerkraut anrichten.

SABINE-KAROLINA HALLWACHS

Andi

WIE WAR'S?

„Es war sehr entspannend, weil Andi und Alex sich vorher ausführlich mit den Kandidaten unterhalten und daher auch viele Informationen über die Kandidaten haben. Es ist spannend, den spontanen Schlagabtausch der beiden live zu erleben ..."

„Die Königin der Kochrezepte ist die Fantasie!" Wer so denkt, der muss schon ein musischer Mensch sein, und das ist Sabine mit Sicherheit. Kochen ist ihre große Leidenschaft und seit zwei Jahren betreut sie einen eigenen Koch-Blog, der mittlerweile schon eine treue Fangemeinde gefunden hat. Begonnen hat alles klein und überschaubar mit Einladungen für 6–8 Freunde, denen Sabine dann in den eigenen vier Wänden ein selbst komponiertes 5-Gang-Menü servierte. Als die Nachfrage nach ihren Rezepten immer größer wurde, beschloss sie gemeinsam mit ihrem Mann, einen Koch-Blog zu gründen, *www.bienekocht.at* war geboren. Jetzt kann sie auch andere an ihrer Kochleidenschaft teilhaben lassen. Über 150 Rezepte hat die junge Ehefrau gesammelt: „Mir liegt viel an der Erhaltung der Klassiker der österreichischen Küche, aber auch die italienische und die asiatische Küche bieten feine Rezepte." Der Blog ist Teamwork, ihr Mann fotografiert die Speisen und deren Zubereitung, Sabine ist die Schriftstellerin.

LAMMKRONE MIT ALIGOT

Zutaten für 4 Personen

800–900 g Lammkrone (Lammrücken mit Rippenknochen)
4 Knoblauchzehen, 2 Schalotten
2 El Honig
2 TL Dijon-Senf
1 EL Zucker
Salz, Pfeffer
einige Thymianzweige
einige Rosmarinzweige
200 ml Rindsuppe
½ l Rotwein
2 TL Preiselbeeren
Meersalz, Olivenöl
Maiskeimöl, Butter

Für das Aligot (Käse-Erdäpfel-Püree):

600 g Erdäpfel (mehlige Sorte; gekocht, noch warm)
240 g kalte Butter
160 g Crème fraîche
200 g Bergkäse (gerieben)
Muskatnuss, Salz, weißer Pfeffer

Zubereitung

- Lammkrone auf der Hautseite rautenförmig einschneiden, mit Salz und Pfeffer würzen und in Olivenöl beidseitig kräftig anbraten. Angedrückten Knoblauch, 1 Zweig Rosmarin und mehrere Thymianzweige beigeben und in eine Auflaufform geben. Bei 160 °C im Rohr 10 Minuten braten, Temperatur auf 120 °C reduzieren und 5 Minuten braten. Aus dem Rohr nehmen. Honig mit Senf verrühren und das Lamm damit einstreichen. Mit den Kräutern und dem Knoblauch in Alufolie packen und neben dem Herd etwa 20 Minuten rasten lassen.
- Im Bratenrückstand klein geschnittene Schalotten anbraten. 1 EL Zucker hinzufügen und mit dem Tomatenmark karamelisieren. Mit Rotwein und Rindsuppe aufgießen. Rosmarin und Thymian in die Sauce geben. Kräftig einkochen lassen (Gewürze wieder herausnehmen). Etwas Preiselbeeren einrühren und weiter köcheln lassen. Wenn der Saft eingedickt ist, noch etwas Butter unterrühren. Zum Schluss den ausgetretenen Fleischsaft des Lamms unterrühren. Mit Salz und Pfeffer abschmecken.
- Für das Aligot die Erdäpfel schälen und vierteln. In Wasser weich kochen. Die frisch gekochten Erdäpfel heiß durchpressen. Kalte Butter, Crème fraîche und geriebenen Bergkäse unterrühren. Mit Salz, weißem Pfeffer und Muskatnuss abschmecken.
- Vor dem Servieren in einer Pfanne etwas Butter aufschäumen, frische Thymian- und Rosmarinzweige beigeben und das Fleisch rasch anbraten. Aufschneiden und mit Meersalz würzen.
- Dazu passt Ratatouille.

BEATE ENZINGER

HALB-FINALIST ★ Alex

WIE WAR'S?

„Ich war im Halbfinale aufgeregter als beim ersten Mal, denn jetzt ging es ja um einiges, da ist man nicht mehr so unbeschwert. Aber ich dachte mir einfach, ich mache die besten Marillenknödel, die es gibt, und dann ergibt sich der Rest. Oder wie der Tiroler sagt: ‚Es isch wias isch.'"

Sie war schon immer ein bisschen ein Gesundheitsapostel, deshalb hat Beate jetzt auch als Vitaltrainerin ihre Berufung zum Beruf gemacht. Sie versucht, mit ganzheitlichen Methoden den Körper wieder in Balance zu bringen, unter dem Motto: „Wohlbefinden für Körper, Geist und Seele." Für Andi und Alex hat Beate extra zur Sendung ihre Klangschalen mitgebracht, um den beiden eine geballte Portion Energie zu geben ...

Als echte Tirolerin liebt sie natürlich die Berge und kulinarisch vor allem das Wild, das sozusagen direkt vor der Haustür lebt und daher frisch und „bio" in ihren Töpfen landet.

Ihre Spezialität aber sind die Nachspeisen, und da besonders die Pralinen, denn Beate ist eine kreative Köchin und Dekorateurin aus Leidenschaft. „Mein Mann ist ein williges Opfer und kostet alles, was ich koche. Er gibt dazu aber sehr ehrliche Kritik ab."

Wenn sie nicht gerade in der Küche oder in ihrer Energie-Praxis steht, dann tanzt Beate liebend gerne und spielt auch mir Leidenschaft Theater, ist sie doch die Obfrau der Stamser Dorfbühne, macht Schauspielkurse und hofft, einmal entdeckt zu werden: „Tatort wäre schön ..."

REHFILET „DE VITA BEATA"

Zutaten für 4 Personen

600 g Rehfilet, Salz, gemahlener bunter Pfeffer
6–8 hauchdünne Scheiben Bauchspeck (ohne Knorpeln)
1 TL Butterschmalz
1 Schuss Rotwein, Hagebuttenmarmelade
3–4 Wacholderkörner, einige Korianderkörner, eiskalte Butterflocken

Für die Prinzesskartoffeln von der Süßkartoffel:

450 g Süßkartoffel, ca. 7 g Butter, 1 Eidotter
ca. 5 g geriebener Parmesan, Salz, Muskatnuss, 1 EL Erdnussbutter

Für die grünen Bohnen im Speckmantel:

100 g grüne Bohnen (im Ganzen)
8 hauchdünne Scheiben Bauchspeck (ohne Knorpeln), Salz, Pfeffer

Für die gebratenen Apfelscheiben mit kalt gerührten Granten:

4 Scheiben Boskop (ca. 1 cm dick, entkernt, aber mit Schale)
1 EL Butter, kalt gerührte Granten (Preiselbeeren)

Zubereitung

- Das Rehfilet salzen und pfeffern. Bauchspeck auf die Arbeitsplatte legen, das Filet darin einrollen und in heißem Butterschmalz anbraten. In ca. 10 Minuten im Rohr bei ca. 150 °C zu einem rosa Fleischkern braten, danach an einem warmen Ort zugedeckt rasten lassen.
- Den Bratenrückstand mit Rotwein ablöschen, mit Hagebuttenmarmelade, Wacholderkörnern und Korianderkörnern reduzierend einkochen. Kurz vor dem Servieren die Sauce mit Butterflocken montieren.
- Für die Prinzesskartoffeln die Süßkartoffeln über Dampf kochen, danach schälen und passieren. Butter und Eidotter unterrühren, danach auch Parmesan, Salz, Muskatnuss, ev. auch etwas Erdnussbutter zugeben. Masse in einen Spritzsack füllen und auf ein mit Backpapier belegtes Blech dressieren. Im Rohr bei 180 °C in 15 bis 20 Minuten goldgelb backen.
- Die Bohnen in Salzwasser bissfest kochen, danach portionsweise mit dem Speck umwickeln und in einer beschichteten Pfanne rundum kurz anbraten.
- Die Apfelscheiben beidseitig in Butter braten, auf den Tellern mit den Preiselbeeren anrichten.
- Das gebratene Rehfilet schräg in Scheiben schneiden und mit den Beilagen anrichten.

CHRISTINE HANSCHITZ

Andi

WIE WAR'S?

„Zuerst war ich aufgeregt, aber wenn ich einen Herd sehe, dann ist die Aufregung vorbei. Andi hat mitgeholfen beim Kochen und hat das Ei im richtigen Moment zu den „Gnudis" gegeben. Die Chemie mit Andi hat sofort gepasst, ich hab den angeschaut und hab gewusst, dass ist der Richtige für mich ..."

Die schönste Zeit ihres Lebens verbrachte Christine als Sennerin auf einer Almhütte. Auf 1.700 Metern, ohne Strom, lebte die Kärntnerin vier Jahre mit ihren beiden Kindern und ihrem Ehemann auf einer 340 m² großen Alm: „Für die Kinder war es eine unglaubliche Lebensschule, ohne Radio, ohne Zeitung, ohne Fernseher. Am Abend mit einer Jause auf der Alm sitzen und über den Tag reden. Da hat man keine Zeit zum Streiten, da besinnt man sich auf das Wesentliche ..." Die Tage auf der Alm waren arbeitsreich, da hieß es aufstehen um 5 Uhr in der Früh, das Haus einheizen, die Kinder fertigmachen für den Schulgang. Bald schon kamen die ersten Wanderer, die ein Häferl Kaffee, einen Schnaps und selbst gebackenes Brot zur Stärkung bekamen. Christines Schweinsbraten, langsam im Holzofen gebraten, war legendär, den haben die Wanderer gleich aus der „Rein" gegessen.

Ihr Mann, der als Jurist jeden Tag in sein Büro in die Stadt pendelte, war der Viehhirte, bei 200 Kühen und Kalbinnen gab es genug zu tun, nach „dem Vieh schauen" und jeden Tag die Herde zählen.

„Aber wenn wir abends mit der Gaslaterne schlafen gegangen sind, dann hab ich gewusst, ich möchte mit niemandem tauschen ..."

HIRSCHGULASCH MIT TOPFEN-GNUDIS

Zutaten für 4 Personen

1 kg Hirschschlögel
200 g Räucherspeck (kleinwürfelig geschnitten)
2 große Zwiebeln (fein geschnitten)
2 EL Schweineschmalz
3 EL Röstzwiebeln
4 kleine Karotten (kleinwürfelig geschnitten)
3 Zehen Knoblauch (fein geschnitten)
1 Chilischote, 4 zerdrückte Wacholderbeeren
Rosmarin, Muskatnuss, Thymian
Salz, Pfeffer, edelsüßes Paprikapulver
2 EL Tomatenmark
Schale von 1 Orange (unbehandelte Schale)
Preiselbeeren
Rotwein und Wasser (oder Suppe) zum Aufgießen

Für die Topfen-Gnudis:

300 g Topfen
150 g passierte Erdäpfel
3 EL Parmesan, 50 g handwarme Butter
80–90 g Mehl, 1 Ei
Salz, Muskatnuss, Butter zum Braten

Zubereitung

- Das Fleisch in mittelgroße Stücke schneiden, in etwas Schweineschmalz mit gehackten Zwiebeln, Knoblauch, Karotten, Speck und Röstzwiebeln anbraten.
- Paprikapulver und Tomatenmark kurz mitrösten, mit Rotwein und Wasser aufgießen. Chili, Wacholderbeeren, Muskatnuss, Salz und Pfeffer zufügen, ca. 1½ Stunden köcheln lassen. Zum Schluss mit Preiselbeeren, Rosmarin, Thymian und geriebener Orangenschale abschmecken.
- Topfen, Erdäpfel, Parmesan, Butter, Mehl und Ei in eine Schüssel geben, mit Salz und Muskatnuss vermengen. Mit einem Löffel Gnudis (Nockerln) formen und in reichlich Salzwasser garen, danach abtropfen lassen. Vor dem Servieren in brauner Butter schwenken.
- Hirschgulasch mit den Topfen-Gnudis auf Tellern anrichten.

ANDREAS ISER

WOCHEN SIEGER
Andi

WIE WAR'S?
„Eigentlich habe ich mir nichts erwartet, ich bin in die Show gegangen mit dem Gedanken, eine schöne Zeit zu haben und von 2 Profis zu lernen. Und beide haben meine Erwartungen mehr als erfüllt!"

Seine Karriere war geprägt vom Kampf Küche gegen Fußballplatz: Schon als Schulbub wollte Andreas die Kochlehre machen, um dann als Schiffskoch die weite kulinarische Welt kennenzulernen. Doch auch die Leidenschaft fürs runde Leder erweckte in ihm den Wunsch, Fußballprofi zu werden.
Und weil er Sonntag lieber Fußball spielen wollte, statt als Koch in der Küche zu stehen, ging er den sportlichen Weg. 10 Jahre spielte der Gemeinderat aus Grünbach am Schneeberg als erfolgreicher Profi mit dem SC Wiener Neustadt in den obersten Fußballligen.
Als die Profikarriere vorbei war, zog es den verhinderten Haubenkoch wieder zurück an den Herd und er widmete sich fortan der Entwicklung seiner Kochleidenschaft, gründete den Arbeitskreis „Gesunde Gemeinde Grünbach", der das Bewusstsein für gesundes Leben und Ernährung stärken soll und veranstaltet auch Kochkurse für gesundes Kochen und Grillen.

WILDSCHWEIN-RAGOUT MIT LAUGENKNÖDELN

Zutaten für 4 Personen

Für das Ragout:
1 kg Wildschweinfleisch (Schulter)
Olivenöl, Wildgewürz
1 kg Zwiebeln
l Wildfond, $\frac{1}{8}$ l Rotwein
2 EL Schweineschmalz, Butter
3 EL Preiselbeeren, Salz, Pfeffer

Für die Knödeln:
300 g Laugengebäck, 100 g Butter
100 g Zwiebel (fein geschnitten)
80 g glattes Mehl
$\frac{1}{4}$ l Milch, 2 Eier
3 EL Petersilie (gehackt)
Salz, Butter zum Braten

Zum Garnieren:
8 Kohlsprossen, 4 Rosmarinzweige
8 Datteln
8 dünne Scheiben Mangalitza-Speck
Goji-Beeren

Zubereitung

- Am besten schon am Vortag der Zubereitung das Fleisch in ca. 3-cm-Würfel schneiden. Das Fleisch in mit Wildgewürz verrührtem Olivenöl einlegen und ziehen lassen.
- Geschälte Zwiebeln feinnudelig schneiden, in geräumigem Topf mit etwas Schmalz langsam braun rösten, mit Rotwein ablöschen.
- Das marinierte Fleisch in einer gusseisernen Pfanne in etwas Schmalz scharf anbraten und mit 1 EL Preiselbeeren in den Topf geben. Mit Wildfond aufgießen (das Fleisch sollte etwa 2 cm hoch bedeckt sein) und ca. 2 Stunden bei mäßiger Hitze köcheln lassen. Danach das Fleisch herausnehmen und warm stellen. Zum Saft Preiselbeeren hinzugeben und mit dem Stabmixer pürieren, mit Salz und Pfeffer abschmecken.
- Für die Knödeln das Laugengebäck in kleine Würfel schneiden und in 2 Tagen hart werden lassen.
- Fein geschnittene Zwiebeln und Laugengebäckwürfel in Butter anrösten, mit gehackter Petersilie vermengen, Eier und Milch vermischen und darüber gießen. Salz und Mehl einmengen und ca. 30 Minuten rasten lassen. Aus der Masse kleine Knödeln formen und etwa 10 Minuten in Salzwasser köcheln lassen, danach abtropfen lassen. Vor dem Servieren in Butter schwenken.
- Für die Garnierung je 2 Datteln mit Speck ummanteln und mit einem Rosmarinzweig fixieren, in ganz wenig Öl knusprig anbraten. Die Kohlsprossenblätter kurz blanchieren, danach kalt abschrecken und vor dem Servieren in Butter anschwitzen.
- Ragout mit Knödeln auf Tellern anrichten, mit den Kohlsprossen, Datteln im Speckmantel und einigen Goji-Beeren garnieren.

ANNA MAYRHOFER

WOCHEN SIEGER
★
Alex

WIE WAR'S?

„Es war aufregend, hat aber auch viel Freude gemacht. Die Zusammenarbeit mit Andi und Alex war so unkompliziert, der Ablauf war ganz einfach. Ein Erlebnis, das man nicht jeden Tag hat und das man so schnell auch nicht vergisst!"

Sie wurde schon mit dem Kochlöffel geboren, sagt sie. Denn kochen ist ihre Leidenschaft seit Kindesbeinen. Schon im Kindergarten hatte Anna das Essen so gut geschmeckt, dass sie schon im zarten Alter wusste: „So gut möchte ich auch kochen können."

Heute kocht die Landwirtin mit Hingabe für ihre Großfamilie, also für täglich 8–10 Personen. Ihre Spezialität ist das Wild, denn Anna ist umgeben von Jägern, angefangen vom Großvater bis zu den Söhnen. Reh, Fasan oder Wildschwein kommen frisch auf den Tisch und für ihre „Hasensuppe", ein spezielles Hasenragout, von Anna selbst kreiert, ist sie rundum bekannt.

Sie hat sich auch ein eigenes Kochbuch angelegt, wo sie interessante Rezepte sammelt, ständig verbessert und erweitert und das sie gerne auch an Ratsuchende weitergibt. Gemeinsam mit ihrem Mann bewirtschaftet Anna den Mayrhof, und weil sie gar so gut kocht, haben ihr die Freunde den Titel „Hof-Köchin" verliehen ...

Sie ist mit Leib und Seele Bäuerin, aber nicht so wie früher, mit Kleiderschürze, Kopftuch und Gummistiefeln, sondern modern und trotzdem bodenständig: „Wir Bäuerinnen können heute auch unsere Steuererklärung selbst machen!"

REHKEULE IN PFEFFEROBERS

Zutaten für 4 Personen

600 g Rehkeule
Salz, weißer Pfeffer, Öl
100 ml Rotwein
200 ml Rindsuppe
100 ml Obers
2 TL grüner Pfeffer
60 g kalte Butter
2 EL Preiselbeeren

Für die Specknockerln:

250 g Mehl (glatt), Salz
1 Ei, 1 Eidotter
30 g flüssige Butter
2 Scheiben Bauernspeck (feinwürfelig geschnitten)

Zubereitung

- Die Rehkeule salzen und pfeffern, in einem Bräter in Öl scharf anbraten. Im Rohr bei 220 °C 40 Minuten braten, danach warm abgedeckt 15 Minuten rasten lassen.
- Für die Sauce den Rotwein mit der Rindsuppe auf die Hälfte der ursprünglichen Menge einkochen und die Bratenrückstände damit ablöschen. Obers und grünen Pfeffer hinzufügen, mit kalter Butter binden und mit Preiselbeeren abschmecken.
- Für die Specknockerln Mehl, Salz, Ei und Eidotter mit lauwarmem Wasser und flüssiger Butter zu einem Nockerlteig verkneten. Gleichmäßige Nockerln formen und diese in kochendes Salzwasser einlegen, etwa 2 Minuten ziehen lassen. Abseihen und kurz kalt abspülen. Speck knusprig braten. Die Nockerln in der Pfanne mit dem angebratenen Speck gut durchschwenken.
- Rehkeule portionieren, mit dem Pfefferobers und den Specknockerln auf Tellern anrichten.

ALOIS GLANZ

Alex

WIE WAR'S?

„Ich habe mich so gefühlt, als ob ich für zehn Freunde kochen würde, da wird auch immer viel geredet.
Ich könnte monatelang mit Andi und Alex kochen. Mit zwei solchen Spitzenköchen ist das ein Riesenerlebnis, ich wollte das unbedingt machen und habe den Auftritt ausgekostet bis zur letzten Minute!"

Seine Mutter war Wirtshausköchin, und so hat Alois schon früh gelernt, Kartoffeln zu schälen und Schnitzel zu panieren. Als gelernter Gendarm war Alois 41 Jahre als Ordnungshüter tätig, nun sorgt er für Ordnung im Wald. Sein Revier kennt der passionierte Jäger wie seine Westentasche: „Man muss zum Jäger berufen sein, ich kenne jedes einzelne Wild persönlich, erkenne jeden Rehbock schon am Haarbüschel!"
Ein Wild-Kochkurs brachte Alois auf den Geschmack und nun gibt es im Jägerhaushalt des Öfteren saftige Braten aus dem Wald, so wie sein Lieblingsgericht, Wildhase in Dijon-Senfsauce. Allerdings: „Der Hase muss selbst erlegt sein, sonst kommt er mir nicht in die Pfanne!"
Alois ist aber nicht nur ein begnadeter Koch, sondern auch ein profunder Weinkenner mit einem eigenen, gut gefüllten Weinkeller im Weinviertel. Den Hasen begleitet Alois gerne mit einem Blaufränkisch, sonst trinkt am liebsten ein Glaserl Grünen Veltliner: „Ich bin in der glücklichen Lage, in meine eigene Vinothek zu gehen und mir den passenden Wein auszusuchen ..."

WILDHASE IN SENFSAUCE MIT BANDNUDELN

Zutaten für 4 Personen

1 Wildhasenrücken
Salz, Pfeffer
2 EL Schmalz
2 Zwiebeln
1 kleine Chilischote (getrocknet)
einige Zweige Thymian
200 ml Weißwein (Weißburgunder)
1 Lorbeerblatt, einige Wacholderbeeren
$\frac{1}{2}$ l Rindsuppe
200 g Crème fraîche
3 TL Dijon-Senf

Als Beilage:
Gekochte Bandnudeln

Zum Garnieren:
Orangenscheiben, Preiselbeeren
getrocknete rote Pfefferbeeren

Zubereitung

- Wildhasenrücken zuputzen und dabei alle noch anhaftenden Sehnen und Häutchen entfernen – es sollte nur mehr der Knochen mit dem Fleisch überbleiben. Den Rücken in vier Stücke teilen.
- Fleisch mit Salz und Pfeffer würzen und in Schmalz anbraten.
- Die Zwiebeln schälen und klein schneiden und in der Fleischpfanne glasig mitrösten. Anschließend mit Weißwein ablöschen und mit Rindsuppe aufgießen. Lorbeerblatt, Wacholderbeeren, Thymian und die Chilischote zugeben und etwa 1 $\frac{1}{4}$ Stunden dünsten. Dabei immer wieder Wasser zugeben, damit das Fleisch nicht trocken wird.
- Das fertig gegarte Fleisch aus der Pfanne nehmen und die entstandene Sauce mit Dijon-Senf und Crème fraîche verrühren und abschmecken.
- Den Wildhasen mit gekochten Bandnudeln und der Senfsauce auf Tellern anrichten, mit jeweils einer Orangenscheibe, Preiselbeeren und roten Pfefferbeeren garnieren.

LUKAS FELBERMAYER

Alex

WIE WAR'S?

„Ich wollte mit Alex kochen, weil der ja auch Tiroler ist. Ich habe ihm sogar einen selbst gebrannten Schnaps mitgebracht, denn zum Kasmus gehört bei uns in Tirol der Schnaps dazu, weil das so fett ist!"

Die Freude am Kochen hat Lukas auf einer Berghütte gepackt, wie sich das für einen echten Tiroler gehört. Das Wochenende mit seinen Freunden auf der Alm sollte auch ein kulinarisches Erlebnis werden, doch leider fiel der Koch aus. So griff Lukas beherzt zur gusseisernen Stielpfanne und zauberte ein typisches Tiroler Gericht auf den Tisch: „Das Kasmus oder Kasmuas ist ein sehr altes Tiroler Rezept von meiner Oma. Das haben die Leute früher im Winter auf der Hütt'n gegessen, aus der Pfanne, weil der Geschmack wird dabei intensiver, und wenn's kalt war auch mit Speck, denn das gibt Kraft!"

Das Gericht hat auch seine Freunde dermaßen gestärkt, dass Lukas seither als „Kasmus-Koch" ein gern gesehener Gast auf jedem Fest geworden ist.

Den Schnaps, den die Tiroler zum Kasmus trinken, den brennt Lukas selber, mit dem Opa, Obst und Vogelbeeren aus dem eigenen Garten. Da steht auch ein alter Holzofen, ein Fundstück, liebevoll restauriert, da wird Brot gebacken nach alten Rezepten und manchmal auch eine „Spezial-Pizza".

Und gegen das Heimweh, wenn Lukas im fernen Wien arbeitet, da hilft verlässlich ein Stamperl Schnaps, selbst gebrannt, versteht sich ...

KASMUS

Zutaten für 4 Personen

3 EL Butter
3 EL glattes Mehl
etwas Salz
750 ml Wasser
200 g Maisgrieß
250 g Bergkäse
250 g Rässkäse

Zubereitung

- In einer großen, schweren Eisenpfanne mit hohem Rand Butter erhitzen, dann Mehl zugeben und eine sehr dunkle Einbrenn rühren, diese dann mit Wasser aufgießen. Mit einem Schneebesen sorgfältig rühren, bis die klumpenfreie Flüssigkeit kocht. Sparsam salzen, den Maisgrieß einrühren und bei eher geringer Hitze weiterkochen.
- Nach etwas 30 Minuten den in kleine Stücke geschnittenen Käse zugeben. Immer wieder mit dem Schneebesen verrühren, dabei aber nicht den Pfannenboden berühren, weil sich dort eine Kruste bilden soll. Nach 1 bis 1½ Stunden Kochzeit das Kasmus in Suppentellern servieren.

BRIGITTE BRENINGER

Alex

WIE WAR'S?

„Es war sehr angenehm. Man merkt, wenn man mit Profis kocht. Alex hat mich verstanden, da hat das Kochen Spaß gemacht. Das Tolle war, dass ich nachher nicht die Küche putzen musste ..."

Brigitte ist begeisterte Seglerin, hat 15 Jahre lang mit einem kleinen Segelboot gemeinsam mit ihrem Freund die Weltmeere erkundet: „Da habe ich viele Orte und Plätze entdeckt, die einem normalsterblichen Touristen meist verborgen bleiben!"

Die Liebe zu den verborgenen Plätzen ist ihr auch an Land erhalten geblieben: Heute organisiert Brigitte Stadtspaziergänge, Rundgänge durch die Wiener Bezirke für Freunde und Bekannte. Es sind Entdeckungsreisen zu vergessenen alten Sehenswürdigkeiten, zu Häusern und Palais, deren Fassaden noch an die einstigen glanzvollen Zeiten erinnern, vorbei an versteckten, pittoresken Innenhöfen und Plätzen: „Mich interessiert die Geschichte dieser Häuser, ich möchte wissen, wer da gewohnt hat und wie das Leben hier früher so war."

Wenn Brigitte nicht gerade durch die Stadt streift auf der Suche nach verlorenen Baujuwelen und architektonischen Schätzen, dann kocht die Bilanzbuchhalterin gerne in privater Runde mit Freunden, vorwiegend Hausmannskost, so wie ihre Rindsbackerln, nach alten Rezepten. Das ist ihr kreativer Ausgleich, zumal ja auch in ihrer Kochrunde ein gewisser kulinarischer Ehrgeiz herrscht: „Auch die Hobbyköche sind sehr von sich überzeugt ..."

WEISSKRAUTLASAGNE

Zutaten für 4 Personen

100 g Zwiebeln (kleinwürfelig geschnitten)
2 EL Olivenöl
500 g Weißkraut (nudelig geschnitten)
400 g Karotten
12 bis 14 Lasagneblätter
200 g Pecorino (gerieben)
150 g Sauerrahm
100 g Schlagobers
$^1/_4$ l Gemüsesuppe
1 EL Butter
1 EL glattes Mehl
ca. $^1/_4$ l Milch
Salz, Pfeffer
Kümmel, Muskatnuss, gehackte Petersilie
Fett für die Form

Zubereitung

- Zwiebel in Olivenöl anschwitzen. Kraut und Karotten dazugeben, mitschwitzen. Mit Salz und Pfeffer würzen, Gemüsesuppe zugießen und kurz dünsten. Kümmel, Muskatnuss und Petersilie zugeben.
- In einem Topf Butter aufschäumen, Mehl einrühren, dann Mich zugießen und gut verrühren, zum Schluss einen Teil des geriebenen Pecorino einrühren. Über die Krautmasse gießen.
- In einer gefetteten Form abwechselnd Gemüse und Lasagneblätter einschichten; mit reichlich Käse bestreuen. Im auf 180 °C vorgeheizten Rohr 30 bis 40 Minuten backen.
- Für die begleitende Sauce Sauerrahm mit etwas Obers verrühren, mit Petersilie, Salz und Pfeffer abschmecken.

ALEXANDER WINKLER

Andi

WIE WAR'S?

„Es war wie ein Auftritt in der Faschingsgilde, ich war schon ein bisschen angespannt, aber als die Kasnudeln im Wasser waren, da ist auch meine Angst weggeschwommen ...
Und dass das ‚Krendln' so gut gelungen ist, freut mich, denn in Kärnten sagt ja ein Sprichwort, dass nur derjenige heiraten darf, der auch krendeln kann."

So bodenständig Alexander Winkler in der Küche werkt, so schlagfertig bewegt er sich auf dem Parkett: Als ehemaliger Jugend-Staatsmeister im Degenfechten und doppelter Kärntner Meister im Degen und Florett kennt Alexander sich mit der „Sportlerküche" natürlich gut aus.
„Fechten ist irrsinnig anstrengend, es ist die Geschwindigkeit, die einen Fechter ausmacht. Da braucht man viele Kohlehydrate, wie Nudelgerichte, um diese Leistung bringen zu können." Dabei musste sich der Student seine Siege hart erarbeiten: „Ich war ein eher dickliches Kind und habe mich schlank gefochten." Nudelgerichte kocht er heute noch gerne, am liebsten die Kärntner Kasnudeln. Aber auch Hausmannskost liebt der Kärntner: „Ein Stückl Speck und an Kas, das hat was ..."
Das Kochen hat er von seiner Oma gelernt, die viele Jahre in einem Gasthaus in Oberösterreich gearbeitet hat und so ihrem Enkel alle Tricks und Tipps beibringen konnte. Besonders das „Krendln" der Kasnudeln hat Alexander der Oma abgeschaut, denn nur mit dem „gekrendelten" Rand ist diese Kärntner Spezialität auch wirklich typisch.
Am liebsten bekocht Alexander seine Freundin, mit der er seit vier Jahren zusammen lebt, und verwöhnt sie, so oft er kann, mit kulinarischen Einfällen. Auch seine Freunde kommen in den Genuss seiner Kochkünste, nur nicht im Fasching, denn da ist Alexander als echter Kärntner in seiner Faschingsgilde engagiert – als Faschingsnarr!

KÄRNTNER KASNUDELN

Zutaten für 4 Personen

Für den Teig:
500 g glattes Mehl
1 Ei
1 TL Salz
ca. 150 ml lauwarmes Wasser

Für die Fülle:
250 g Erdäpfel
250 g Bröseltopfen
1 Semmel
25 g Butter
25 g Zwiebeln
Petersilie, Minze
1 TL Salz
1 Zehe Knoblauch (gehackt)
1 Ei

Zum Servieren:
Schnittlauch, 100 g Butter

Zubereitung

- Aus Mehl, Ei, Salz und lauwarmem Wasser einen Nudelteig kneten und diesen einige Zeit rasten lassen.
- Für die Fülle die Erdäpfel kochen, heiß schälen und passieren. Mit der in Wasser eingeweichten, gut ausgedrückten und passierten Semmel vermischen.
- Zwiebeln fein hacken und in wenig Butter anschwitzen. Zwiebeln, Topfen, gehackte Petersilie, Minze, Ei, Salz und Knoblauch mit der Erdäpfel-Semmelmasse vermischen. Aus der Masse kleine Kugeln formen.
- Den Nudelteig ausrollen und mit einem Krapfenausstecher Teigkreise ausstechen. Auf die ausgestochenen Stücke jeweils ein Stück Fülle legen und den Teig zusammenklappen. Die Teigränder durch „Krendeln" verschließen.
- Die Kasnudeln in Salzwasser kochen, anschließend am Teller anrichten. Mit heißer Butter begießen und mit frisch geschnittenem Schnittlauch bestreuen.

ASCHI PEIER

Alex

WIE WAR'S?

„Ich habe mich pudelwohl gefühlt und hab frisch von der Leber weg erzählt und gekocht. Die Kameras habe ich gar nicht gemerkt, auch das Publikum war super!“

Was macht ein Schweizer, den es der Liebe wegen nach Tirol, genauer gesagt nach Imst verschlagen hat? Er kocht sich in die Herzen seiner Freunde und Nachbarn ...

Denn Ernst, Spitzname Aschi, ist stolzes Mitglied im „Hobbykochclub Imst“, trifft sich regelmäßig mit Gleichgesinnten entweder bei einem der Mitglieder, in der Küche eines Cafés oder auch auf einer Almhütte, wo traditionelle Gerichte ausgetauscht und auch gekocht werden. Sein größter Wunsch: „Mehr Männer, die kochen. Ich möchte das Kochen auch den Männern schmackhaft machen.“

Schon als kleiner Junge schaute Aschi gerne seiner Mutter in die Kochtöpfe und als Jugendlicher jobbte er in der Küche eines nahe gelegenen Restaurants in der Schweiz und erwarb sich so seine ersten kulinarischen Fähigkeiten.

Er kocht gerne etwas ausgefallene Gerichte, eines seiner Lieblingsrezepte ist das Sellerie-Cordon-Bleu. Das Rezept dazu fand Aschi zufällig unter dem Nachlass seines Vaters, der zwar nicht kochen konnte, aber eine große Rezeptsammlung angelegt hatte. Und weil Aschis Sohn zur Zeit kein Gemüse isst – eine vorübergehende Phase, wie Aschi hofft –, hat er dem Junior die Sellerie einfach als Ananas verkauft. Der Junior war glücklich und hat die gefüllte „Ananas“ sichtlich genossen.

SELLERIE-CORDON-BLEU

Zutaten für 4 Personen

ca. 750 g Knollensellerie
120 g Schinkenscheiben
150 g Greyerzer (oder Appenzeller; ganzes Stück)
Erdnussöl zum Backen

Zum Panieren:
2 Eier
2 EL Milch
Mehl, Semmelbrösel

Für die Beilage:
1 Kopf grüner Salat
Öl, Essig
Zucker, Salz

Zubereitung

- Den Sellerie schälen und in 5-mm-Scheiben schneiden. Die Selleriescheiben in heißem Salzwasser knackig kochen (dauert 8 bis 10 Minuten), danach abkühlen lassen.
- Je eine Scheibe Schinken und Käse zwischen zwei Selleriescheiben legen (für Vegetarier ohne Schinken) und mit Zahnstochern fixieren.
- Eier mit Milch verschlagen. Die gefüllten Selleriestücke durch Mehl, Eier und Brösel ziehen. Die panierten Stücke in reichlich Erdnussöl goldbraun backen.
- Für die Beilage die gewaschenen und trocken geschleuderten Salatblätter mit der Marinade aus Essig, Öl, etwas Zucker und Salz vermengen.

ELISABETH FELBER

WIE WAR'S? Andi

„Es war sehr aufregend, eine neue Erfahrung. Ich würde es sofort noch einmal machen, Andi war sehr hilfsbereit und hat mir auch beim Anrichten geholfen."

Alte, „vergessene" Gerichte wie „Arme Ritter" kocht Elisabeth am liebsten und bei Süßspeisen ist sie so richtig in ihrem Element. Die Familie liebt Elisabeths süße Ader und lässt sich gerne mit Schokokuchen und Torten verwöhnen.

Ein Kochprojekt in ihrer Schule „Alte Wege – Neue Wege" eröffnete der Jungköchin dann völlig neue Perspektiven. Gemeinsames Kochen mit älteren Menschen war das Thema, das Aufspüren längst vergessener Rezepte, die Vermittlung alten Wissens, das oft nur mehr mündlich weitergegeben wurde. Beim Präsentationsabend in der Schule kochten Alt und Jung gemeinsam Rezepte aus dem kulinarischen Schatzkästchen, wie „Böhmische Krautpuffer", „Grenadiermarsch" und „Arme Ritter" – ein durchschlagender Erfolg.

Die Rezeptionistin in einem großen Hotel in Vösendorf ist auch sonst ein sehr traditioneller Mensch, spielt Tenor-Horn in drei verschiedenen Musikvereinen, gemeinsam mit der ganzen Familie. Vater, Onkel, Tanten und Geschwister bilden da eine musikalische Gemeinschaft. Auf Feuerwehrfesten und Kirtagen sind die Musikgruppen gefragte Gäste und auch daheim, in der Familie, wird dann und wann gerne aufgespielt ...

NOUGATTERRINE MIT WEICHSELRAGOUT

Zutaten für 4 Personen

Für den Biskuitboden:

3 Eier
60 g Staubzucker
60 g griffiges Mehl
40 g geriebene Mandeln

Für die Nougatterrine:

250 g Nougat
50 g Kuvertüre
250 g QimiQ
$^{1}/_{4}$ l Schlagobers
3 Blätter Gelatine, in Wasser eingeweicht
1 Schuss Rum

Für das Weichselragout:

1 Glas Weichselkompott (125 g)
30 g Vanillepudding

Zubereitung

- Eier und Zucker dickschaumig rühren, danach griffiges Mehl und geriebene Mandeln unterheben, ca. 2 cm hoch auf ein Backblech gießen und im Rohr bei 180 °C etwa 10 Minuten backen.
- Nougat und Kuvertüre schmelzen, QimiQ glatt rühren. Gelatine in Wasser einweichen, ausdrücken und in warmem Rum auflösen. Nougat und Kuvertüre mit QimiQ verrühren, danach die Gelatine-Rum-Mischung einrühren. Zum Schluss das geschlagene Obers einrühren. Die Masse in die (mit Frischhaltefolie ausgelegte) Terrinenform füllen und mit dem zugeschnittenen Biskuitboden abdecken. 2 bis 3 Stunden in den Kühlschrank stellen.
- Die Weichseln abseihen. Ein Drittel des Weichselsaftes mit Vanillepuddingpulver glatt rühren und in den restlichen kochenden Weichselsaft einrühren. Etwas einkochen lassen, Weichseln dazugeben und auskühlen lassen.
- Nougatterrine aus der Form stürzen, in Scheiben schneiden und mit dem Weichselragout auf Tellern anrichten.

INGE GAIDA

HALB-FINALIST
*
Alex

WIE WAR'S?

„Es war Fun und Spaß mit Alex und Andi! Alex ist so ein lieber Kerl, besonders, weil er meinem Großvater so ähnlich sieht.
Beim Halbfinale war es dann schon sehr schweißtreibend, denn ich habe ja alles live zubereitet, den Teig, die Äpfel ...
Da kommt einem die Zeit kürzer vor, und weil ich ja wusste, dass da vorne Lisl Bacher-Wagner in der Jury sitzt, wollte ich mich nicht blamieren ..."

Kochen hat Inge vom Opa gelernt, der als „echter Wiener" hauptsächlich böhmische Küche gekocht hat. Alte Rezepte, wie Apfelknödel aus Erdäpfelteig, die heute kaum noch jemand kennt, sind Inges Favoriten, mit denen sie schon so manche Küchenschlacht gewonnen hat. Um diese lukullischen Schätze zu bewahren, hat Inge gemeinsam mit zwei Freundinnen einen Koch-Blog gegründet, „Obers trifft Sahne", wo sich die heutige österreichische Hausmannskost mit ihren alten böhmischen Wurzeln trifft. Ganz typische und experimentelle Gerichte gibt es da, die sich oft nur durch andere Vokabeln für die Zutaten unterscheiden.
Wenn Inge nicht gerade in der Küche steht, dann trainiert sie mit ihrer Falkin Gaya, „einem sehr klugen jungen Weibchen", in der Lobau für die Falkenjagd im Herbst. Durch ihren Lebensgefährten, einen ausgebildeten Falknermeister, ist Inge auf den Falken gekommen und jetzt lebt auch sie als Falkner-Gehilfin mit Herz und Seele für die Jagd. Kulinarisch bezahlt macht sich die Mühe dann im Herbst, wenn ihre Falken jagen und ihr die köstlichsten Fasane, Rebhühner, Moorhühner und Enten quasi auf den Teller legen.

KIRSCHBEUTELCHEN MIT MARZIPAN UND MANDELN AUF CHILISCHOKO-OBERS-SPIEGEL

Zutaten

200 g Kirschen (mindestens 24 Stück)
2 EL geriebene und geröstete Mandeln
1 EL Zucker
50 g Marzipan
6–8 Stück Amarettini
1 gehäufter EL Butter
1 Packung Strudel- oder Filoteig (4 Blätter)
zerlassene Butter zum Bepinseln
200 g Zartbitterschokolade
etwas Chili (ca. 1 TL, je nach Schärfegrad)
125 ml Obers

Außerdem:
Staubzucker zum Bestreuen
Schlagobers und geröstete Mandelsplitter zum Garnieren

Zubereitung

- Die Kirschen waschen und entkernen. Jeweils anstelle des Kerns ein kleines Stück Marzipan hineinstecken. Die geriebenen und gerösteten Mandeln mit dem Zucker vermischen. Amarettini mit dem Mörser fein zerkleinern und mit der geschmolzenen Butter gut vermengen.
- Den Strudelteig auf ein feuchtes Tuch legen und beide Lagen zu Quadraten (Größe 15 x 15 cm) schneiden. Jeweils eine Lage gut mit zerlassener Butter bestreichen, dann die zweiten Teigquadrate diagonal drauflegen. Auf den so entstandenen Stern in die Mitte je 1 EL Amarettini-Gemisch geben, mit jeweils 4 Kirschen belegen und mit dem Mandel-Zuckergemisch bestreuen. Die Teigblätter zu kleinen Beuteln formen und verschließen. Mit etwas Butter bepinseln. Das auf 180 °C vorgeheizte Backrohr auf 150 °C reduzieren und die Kirschbeutelchen bei Umluft ca. 10 bis 15 Minuten goldbraun backen.
- Die Zartbitterschokolade mit Obers im Wasserbad schmelzen lassen und zerstoßenen Chili einrühren.
- Etwas Schlagobers für die Dekoration steif schlagen.
- Die Kirschbeutelchen auf einem Schokospiegel anrichten und mit etwas geschlagenem Obers, Kirschen sowie Staubzucker garnieren.

JOHANN WEIL

HALB-FINALIST
★
Andi

WIE WAR'S?

„Es war sehr angenehm, auf Augenhöhe mit Andi und Alex, aber auch sehr spannend, denn die Konkurrenz wird immer größer.
Ich kenne das Bauchkribbeln vor einem Auftritt ja schon vom Theaterspielen und eine gewisse Nervosität braucht es auch, um die Körperspannung aufrecht zu erhalten."

Eigentlich wollte er ja nur seinen Bruder zum Casting begleiten, geblieben ist er dann selbst als Kandidat ... Denn nicht nur seine Kochkenntnisse, auch seine Theatererfahrungen haben Johann bis ins Finale des Kochchampion geführt. „Bei den Fernsehauftritten kann man viel von der Bühnenerfahrung mitnehmen." Er ist Star gleich zweier Theatergruppen im heimischen Oberwaltersdorf, das Repertoire reicht von ernsthaften Kammerspielen bis hin zu Faschingsschwänken.
So ernst wie das Theater nimmt Johann auch das Kochen. Dabei hat alles ganz harmlos begonnen mit einer Herrenrunde, die sich regelmäßig zum Kartenspielen traf. Und weil die Herren nicht immer nur Chips und Brötchen essen wollten, traf man sich bald in geselliger Kochrunde, wo der jeweilige Gastgeber kulinarisch sein Bestes gab. So entdeckte auch Johann seine Liebe zur kreativen Küche. Zu Hause kocht er, „was der Kühlschrank hergibt". Seine Spezialität, die Kardinalschnitte, ist allerdings ein Geheimrezept seiner burgenländischen Putzfrau. Johann hat das Rezept mittlerweile so gekonnt verfeinert, dass er damit sogar zu Hochzeiten und Geburtstagsfeiern eingeladen wird und bei den Damen zum „König der Kardinalschnitte" avanciert ist.

KARDINALSCHNITTE

Zutaten

10 Eier
200 g Feinkristallzucker
50 g Universalmehl
60 g Staubzucker
500 ml Schlagobers
1 Messerspitze Backpulver
10 g Sahnsteif
Ribiselmarmelade

Zubereitung

- 8 Eier trennen. Das Eiweiß der 8 Eier mit dem Kristallzucker steif schlagen. Diese Masse in einen Spritzbeutel füllen und auf einem Backblech in 6 Bahnen mit gleichmäßigem Abstand auftragen.
- Die 8 Eidotter und die beiden ganzen Eier mit dem Staubzucker und einer Messerspitze Backpulver verschlagen und das Mehl unterheben. Die Biskuitmasse zwischen den 6 Schneebahnen einfüllen. Im auf 160 °C vorgeheizten Rohr bei 160 °C 20 bis 25 Minuten backen. Anschließend auf ein mit Mehl bestaubtes Tuch stürzen. Auskühlen lassen und in der Mitte horizontal durchschneiden.
- Für die Fülle das Schlagobers mit dem Sahnesteif schlagen, Ribiselmarmelade auf die beiden Backhälften auftragen. Das Schlagobers auf einer Hälfte auftragen und die andere Hälfte draufsetzen. Mit Staubzucker bestreuen.

WERNER BISWANGER

WOCHEN SIEGER ★ Andi

WIE WAR'S?
„Ich wollte mit meiner Frau dabei sein, weil es einfach Spaß macht. Andi und Alex faszinieren mich, weil die beiden die Freude am Kochen mit einer unbeschwerten Leichtigkeit rüberbringen."

„Kochen ist Handwerk und für mich als Tischlermeister ist Kochen und Backen einfach, denn es erinnert mich an meinen eigenen Beruf."
Seine Freunde sagen, dass es wohl vor allem an den gefühlvollen Händen des Tischlermeisters liegen muss, dass seine Spezialität, der gezogene Apfelstrudel, so gut schmeckt. „Einen ausgezogenen Teig, den kann keine Frau besser. Denn meistens zerreißt der Teig, da merkt man den Handwerker in mir!"
Das Rezept und das Geheimnis des gezogenen Apfelstrudels verriet ihm einst die Mutter, Werner hat das Rezept im Laufe der Jahre zur Perfektion gebracht. Aber es liegt wohl nicht nur an den gefühlvollen Händen, dass Werner so gut kochen kann. Der Genuss liegt ihm in den Genen. Schon als kleiner Junge begleitete er seinen Vater oft zu den Winzern in der Umgebung von Hagenbrunn und auch im Wirtshaus seines Großvaters schaute der kleine Werner gerne in die großen Töpfe.
Zu seinen Spezialitäten zählt vor allem die Malakoff-Torte, die er seit mittlerweile 35 Jahren bäckt. Wie vom Zuckerbäcker schmeckt die süße Verführung: „Meine Gäste schlecken mir die Teller ab ..."

GEZOGENER APFELSTRUDEL MIT SCHLAGOBERS

Zutaten für 2 Strudel

500 g glattes Mehl
$^1/_{16}$ l Öl
$^1/_4$ l lauwarmes Wasser, Prise Salz
6–10 saure Äpfel, 1 Zitrone
6 EL Zucker, 100 g Brösel
100 g Rosinen (in $^1/_{16}$ l Rum eingeweicht)
150 g Butter, $^1/_4$ l Schlagobers
Zimt (gemahlen), Mehl zum Stauben

Zubereitung

- In einer Rührschüssel (Küchenmaschine) Mehl, Öl, Salz und lauwarmes Wasser zu einem Teig verrühren. Wenn sich der Teig von der Schüssel löst, ist er fertig. Den fertigen Teig mit Öl bestreichen und mit Klarsichtfolie abdecken, ca. 30 Minuten rasten lassen.
- Die Äpfel schälen, Kerngehäuse entfernen, Äpfel in Spalten schneiden und in eine Schüssel geben, mit Zitronensaft beträufeln, Zucker beigeben. In einer Pfanne Butter zerlassen und die Bröseln rösten. Die ausgekühlten Brösel und die Rosinen zu den Äpfeln geben und vermischen.
- Ein Leinentuch mit Mehl bestauben, den Teig in 2 Teile teilen und auf das bemehlte Tuch legen, mit einen Nudelholz leicht ausrollen, mit den Händen in der Luft ziehen und fallen lassen, nachziehen, bis der Teig groß genug ist. Die Ränder abschneiden, den Teig mit flüssiger Butter bestreichen. Die Apfelmischung im ersten Drittel auftragen, mit Zimtpulver bestreuen. Den Teig links und rechts einschlagen und mit dem Leinentuch einrollen. Den Strudel auf ein mit Backpapier ausgelegtes Blech legen. Backrohr auf 250 °C Umluft vorheizen, Strudel mit flüssiger Butter bestreichen und 10 bis 15 Minuten backen. Die Temperatur auf 180 °C Umluft reduzieren und in 5 bis 10 Minuten fertig backen.
- Schlagobers steif aufschlagen und den Apfelstrudel garnieren.

PETER SCHWINGENSCHLÖGL

WOCHEN SIEGER
*
Andi

WIE WAR'S?

„Es war eigentlich schnell wieder vorbei und fast so anstrengend wie ein echter Auftritt als Musiker, man vergisst alles rundherum! Und Andi und Alex sind wirklich sehr musikalisch ..."

Wenn Peter kocht, dann stimmt er die Musik aufs Essen ab, denn: „Bei der Musik ‚hört das Auge auch mit!'" Vor zwei Jahren hat der Saxofonist seine Berufung, die Musik, vom Hobby zum Beruf gemacht und seine eigene Band gegründet. Die erste CD als „Peter Sax" fand viele Fans, jetzt möchte der junge Musiker auf der Erfolgswelle ganz nach oben schwimmen. Die Musik bestimmt auch seinen Alltag, hat er doch vor Kurzem seine Lebensliebe geheiratet und die ist Sängerin in seiner Band!

So wird daheim gerne gemeinsam gekocht, oft erst spät nachts, nach den Auftritten, dann verwöhnt Peter seine Frau mit Eigenkompositionen ...

Das Galaktoburiko, eine griechische Süßspeise, ist so eine Komposition.

Sein Zugang zum Kochen war einst allerdings ein weit wissenschaftlicherer, denn als studierter Lebensmitteltechnologe und Biotechniker war er sechs Jahre in der Bio-Pharmazie tätig, als Verfahrensentwickler. Dennoch sieht Peter auch diese Tätigkeit kreativ: „Man entwickelt Prozessschritte für ein Produkt, das ist wie beim Kochen, da ist es egal, ob für Aspirin oder Galaktoburiko ...!"

GALAKTOBURIKO

Zutaten für 4 Personen

300 g (bzw. 2 Packungen) Blätterteig
500 ml Milch
150 g Grieß
100 g Zucker
1 Packung Vanillezucker
1 Vanilleschote
5 Eier
Saft von 1 Zitrone
Salz
etwas flüssiger Honig
gemahlener Zimt
600 g frische Früchte (klein geschnitten, z. B. Bananen, Erdbeeren, Kiwis, Äpfel)
etwas zerlasse Butter

Zubereitung

- Die Vanilleschote der Länge nach aufschneiden und mit einem Messer auskratzen. Die Milch mit dem Vanillemark und der ausgekratzten Schote aufkochen. Die Schote entfernen, dann den Grieß langsam einrühren.
- Die Eier trennen. Die Eidotter mit dem Zucker und dem Vanillezucker schaumig schlagen und unter den Grieß rühren.
- Das Eiweiß mit einer Prise Salz und Zitronensaft zu festem Schnee schlagen, danach vorsichtig unter den Grieß heben.
- Den Blätterteig ausrollen und in eine Form oder ein tiefes Backblech legen, sodass man ihn nachher über die Füllung schlagen kann. Füllung auf dem Teig verteilen, dann die Ränder des Teigs darüber schlagen.
- Mit dem restlichen Blätterteig abdecken, die Oberfläche mit der Gabel einstechen und mit zerlassener Butter bepinseln. Im auf 200 °C vorgeheizten Rohr ca. 30 Minuten backen. Nach dem Backen den Galaktoburiko mit flüssigem Honig beträufeln.
- Die klein geschnittenen Früchte mit Zimt und Honig vermischen und zum Galaktoburiko servieren.

LUDOVIKA RUESCH

WOCHEN SIEGER ★ Andi

WIE WAR'S?

„Andi wirkt im Fernsehen rescher, aber bei der Aufzeichnung war er sehr ruhig. Ich habe mir das Ganze stressiger vorgestellt, aber es war wunderbar. Diese Erfahrung ist jedem zu empfehlen, der kochen kann!"

Ludovika hat bei ihrer Oma die Kunst gelernt, „aus nichts ein gutes Essen auf den Tisch zu zaubern". Die moderne Küche ist nicht wirklich ihr Revier, die resolute Mörbischerin liebt die burgenländische Küche, wie Bohnenstrudel, Krautstrudel oder Bohnensterz: „Das ist deftig und schmeckt gut. Und man kann aus wenig viel Gutes machen ..."
Das beherrscht Ludovika bis heute perfekt, wobei ihre kulinarische „Lieblingsdisziplin" mittlerweile ja das Backen ist. Regelmäßig veranstaltet die Gemeinderätin für Bildung und Kultur daher auch Backkurse, die sich großer Beliebtheit erfreuen. Ihre Spezialität, der „Burgenländische Hochzeitstraum", hat mittlerweile schon viele Ehegelöbnisse kulinarisch begleitet ...
Dass tatsächlich eine Bäckerin an ihr verloren gegangen ist, beweist Ludovika auch, wenn sie Gäste zu sich nach Hause zum Essen einlädt, denn dann bereitet sie die verschiedensten köstlichen Nachspeisen vor.
„Meine Gäste verlassen das Haus nicht ohne etwas Süßes!"
Und wenn sie eingeladen ist, dann bringt Ludovika lieber Mehlspeisen statt Blumen mit, die Gastgeber wissen es zu schätzen ...

BURGENLÄNDISCHER HOCHZEITSTRAUM

Zutaten

Für den Biskuitboden:
4 Eier
160 g Staubzucker
120 g griffiges Mehl
3 EL Wasser, Prise Salz
geriebene Zitronenschale

Für die Eierlikörcreme:
100 g Staubzucker
1 Packung Vanillepudding (ca. 40 g)
$^1/_4$ l Milch
125 g Butter (Zimmertemperatur)
$^1/_{16}$ l Eierlikör

Zum Dekorieren:
100 g Kokosflocken
1 Packung kandierte Kirschen
100 g geriebene Walnüsse
einige Walnusshälften

Zubereitung

- Für den Biskuitboden die Eier trennen. 4 Eidotter mit Wasser und Staubzucker cremig schlagen. 4 Eiweiß mit einer Prise Salz steif schlagen. Das geschlagene Eiweiß mit Mehl und Zitronenschale unter die Dottermasse unterheben. Ein Backblech mit Backpapier auslegen, die Biskuitmasse darauf streichen und im Rohr bei 170 °C ca. 15 Minuten backen. Den ausgekühlten Biskuitboden in zwei Teile scheiden.
- Für die Eierlikörcreme Milch aufkochen. Puddingpulver mit Zucker und etwas kalter Milch verrühren und in die kochende Milch einrühren. Den gekochten Pudding in eine Schüssel geben und ca. alle 7 Minuten durchrühren. Wenn die Masse lippenwarm ist, die aufgerührte Butter dazugeben. Den Eierlikör mit einem Schneebesen unterheben.
- Einen Biskuitboden mit der Creme bestreichen und den anderen Teil darauf geben. Mit einen Ring ca. 6 cm breite und 4 cm hohe Törtchen ausstechen. Die Törtchen rundum mit Creme bestreichen, dann eine Hälfte in Kokosflocken wälzen und in eine Papiermanschette geben. Mit jeweils einer halben kandierten Kirsche belegen. Die andere Hälfte in den geriebenen Nüssen wälzen und mit einer Walnusshälfte belegen.

SABINE ZAK

WIE WAR'S?

„Ich koche sehr gerne Süßspeisen und Andi hat mich toll unterstützt. Es war eine interessante Erfahrung."

„Am meisten fasziniert mich die Metamorphose", sagt Sabine, und damit ist nicht etwa die Verwandlung in der Küche gemeint, sondern die Entwicklung der Raupe zum Schmetterling. Sabine hat nämlich ein ganz besonderes Hobby: Sie züchtet Schmetterlinge. Die engagierte Tierschützerin möchte mit diesem Hobby nicht nur dem bedenklichen Schmetterlingsrückgang entgegenwirken, sondern auch der Natur etwas zurückgeben.

Ihr Mann hat ihr in mühevoller Arbeit ein eigenes Schmetterlingshaus gebaut, in dem Sabine mit viel Liebe und Engagement verschieden Arten von Schmetterlingen züchtet, wie das Wiener Nachtpfauenauge oder den Tagfalter.

Natürlich verwöhnt Sabine auch ihre Familie kulinarisch. Ihre Küche reicht von Hausmannskost bist zu eher ausgefallenen Sachen. Am liebsten kocht Sabine Fisch und persönlich mag sie am liebsten die griechische Küche, Zaziki und Co, besonders wegen des vielen Knoblauchs ...

Die schönsten Stunden aber verbringt sie bei ihren Schmetterlingen, das Hobby ist ihr Ausgleich zum Alltag. „Manche Menschen gehen gern joggen, ich suche nach Schmetterlingen!"

MANGO-CRÈME-BRÛLÉE

Zutaten für 4 Personen

1 reife Mango
250 ml Milch
150 ml Obers
50 g Zucker
Mark von 1 Vanilleschote
Schale von $^1/_2$ Zitrone mit unbehandelter Schale
5 Eidotter
Brauner Zucker zum Karamellisieren

Zubereitung

- Mango schälen, klein schneiden und pürieren. Je nach Geschmack das Mangopüree mit Zucker süßen und in passende Portionsformen füllen.
- Milch mit Obers, Zucker, Vanillemark und Zitronenschale aufkochen, etwa 10 Minuten ziehen lassen, dann abseihen. Die Milch etwas abkühlen lassen und mit den aufgeschlagenen Eidottern verrühren.
- Die Crème vorsichtig in die Förmchen auf das Mangopüree füllen und diese in eine Auflaufform stellen, die mit etwas warmem Wasser (bis zur Hälfte der Formenhöhe) gefüllt ist. Im auf 160 °C heißen Rohr ca. 35 Minuten pochieren, danach abkühlen lassen.
- Vor dem Servieren die Oberfläche der gestockten Crème mit braunem Zucker bestreuen und diesen mit einem Brenner karamellisieren.

ELISABETH KASWURM

WOCHEN SIEGER ★ Alex

WIE WAR'S?

„Es war spannend, aber auch lässig – ich habe es mir komplizierter vorgestellt. Ich schätze Alex als Perfektionisten und wollte immer mit Alex kochen, wegen seiner ruhigen Art. Denn wenn zu viel geredet wird beim Kochen, dann falle ich aus der Rolle, aber so hatte ich das Gefühl, mit einem guten Bekannten zu kochen ..."

Wer mehr als 5 Jahre mit Johanna Maier, der großen Haubenköchin Österreichs, als persönliche Assistentin zusammengearbeitet hat, dem muss das Kochen schon eine Herzensangelegenheit sein. Viel gelernt hat Elisabeth in dieser Zeit, von der Kochbuchproduktion bis hin zur Kochschule. Heute bringt die junge Frau als Geschäftsführerin im Tourismusverband St. Martin diese Erfahrungen ein und genießt es, der Liebe wegen hier zu leben und zu arbeiten: „Es ist ein kleiner Ort, hier ist es sehr persönlich und jeder kennt jeden." Jetzt findet Elisabeth auch wieder Zeit, gemeinsam mit ihrem Freund die regionale, gesunde Küche zu pflegen, so wie sie das schon von zu Hause gelernt hatte. Denn daheim kamen nur Lebensmittel aus der eigenen Landwirtschaft auf den Teller, das hat Elisabeth bis heute geprägt. Auch die „Hoamfoahkrapfen" sind so ein traditionelles Familienrezept, die nur zu großen Anlässen wie Hochzeiten, Taufen oder Geburten gebacken wurden, um den Gästen die Heimfahrt, das „Hoamfoahn", zu versüßen ...

SCHNUARAUS- ODER HOAMFOAHKRAPFEN

Zutaten für 4 Personen

Für den Teig:
500 g glattes Mehl
knapp $\frac{1}{4}$ l Milch
4 Eidotter
50 g Butter, 60 g Zucker
1 Packung Trockenhefe, 1 TL Salz
2 EL Rum, geriebene Schale von 1 Zitrone (unbehandelte Frucht)
1 Prise Vanillezucker
$1\frac{1}{2}$ l Sonnenblumenöl zum Backen

Für die Fülle:
250 g Korinthen, 4 cl Rum
Zucker, geriebene Orangenschale (unbehandelte Frucht)

Für die Eierfransen:
2 Eier, 2 Dotter
1 Fingerspitze Mehl
1 EL Zucker, Rum
500 g Butterschmalz zum Backen

Außerdem:
Staubzucker zum Bestreuen

Zubereitung

- Korinthen mit Rum, 2 Esslöffel Wasser, Zucker und abgeriebener Orangenschale marinieren und sechs Stunden ziehen lassen.
- Gesiebtes und erwärmtes Mehl mit der zerlassenen Butter, der lauwarmen Milch, der Trockenhefe, Salz, Rum, Zitronenschale, Eidotter, Zucker und Vanillezucker zu einem weichen Teig verarbeiten und 20 Minuten gehen lassen. Danach wieder durchkneten, in ca. 80 g schwere Stücke teilen und zu kleinen Kugeln formen. Diese Kugeln mit dem Nudelholz ca. 1 cm dick auswalken. Mit den marinierten Korinthen füllen, zusammenklappen und mit einem Krapfenausstecher (8 cm) ausstechen.
- Die Krapfen schwimmend in Sonnenblumenöl backen, danach aus der Pfanne nehmen und abkühlen lassen.
- Für die Eierfransen die Eier und Dotter mit einer Fingerspitze Mehl, Zucker und Rum in einer Schüssel fest verschlagen (verquirlen). In einem kleinen Topf (ca. 17 cm Durchmesser) das Butterschmalz erhitzen.
- Die ausgekühlten Krapfen einzeln in die Ei-Masse tauchen, danach über dem Topf abtropfen lassen. Dabei bilden sich Fäden, die durch Herumrühren im nicht zu heißen Fett eine Art Netz (Eierfransen) bilden sollten. Anschließend die Krapfen auf diese Netze legen, umdrehen und dann aus dem Butterschmalz herausheben.
- Nach dem Anrichten die Krapfen mit Staubzucker bestreuen.

HELMUT JELINEK

WOCHEN SIEGER
★
Alex

WIE WAR'S?

„Es war viel lockerer, als ich gedacht habe, die Achse Tirol–Wien hat gut funktioniert und ich konnte Alex sogar noch Tipps für den Spätzleteig geben ... Aber man sieht bei Alex schon bei jedem Handgriff die Erfahrung des Profis und ich habe Hochachtung vor Meisterköchen, denn vieles, das so einfach aussieht, ist in der Praxis dann viel komplizierter."

Schon als Bub hat er die „kalte Küche" von seiner Mutter gelernt, die gemeinsam mit der Großmutter in einem Delikatessengeschäft arbeitete. Dort durfte der kleine Helmut ab und zu auch mithelfen, Mayonnaise-Eier, Schinkenrollen und andere Köstlichkeiten zubereiten, und so schulte er schon von Kindesbeinen an seine kulinarischen Sinne.

Der große Durchbruch in Helmuts kulinarischer Erfahrungswelt war jedoch ein genialer Gulasch-Kochkurs, der seinen Horizont entscheidend erweiterte: „Da habe ich festgestellt, wie viele interessante Dinge es in der Küche zu lernen gibt!" Mittlerweile hat er schon seinen 66. Kochkurs absolviert ... Er bewirtet gerne seine Freunde und einmal im Monat wird groß aufgekocht für die evangelische Gemeinde. Für bis zu 70 Personen kocht Helmut da, Krautfleckerln, Saftgulasch oder Krautfleisch: „Alles Gerichte, die man strecken kann, wenn einmal mehr Leute kommen ..."

Doch nicht nur die Kochleidenschaft zog Helmut in ihren Bann. Als Präsident eines Rock 'n' Roll Clubs hat Helmut viele Turniere veranstaltet, und als internationaler Wertungsrichter saß Helmut in vielen europäischen Turnier-Jurys. Höhepunkt seiner Karriere war die Weltmeisterschaft im Rock 'n' Roll und Boogie-Woogie in Montreaux, die Helmut als Wertungsrichter entscheidend beeinflusst hat!

SOUFFLIERTE TOPFENPALATSCHINKEN „BLACK AND WHITE" MIT BEERENSAUCE

Zutaten für 4 Personen

Für den Palatschinkenteig:
3 Eier, ½ l Milch, 150 g glattes Mehl
Salz, 2 TL Kakao (für den dunklen Teig)
Butter zum Backen

Für die Topfenfülle:
250 g Topfen (20 %), 4 TL Vanillezucker
2 TL Inländer-Rum, geriebene Zitronenschale

Für den Überguss:
¼ l Milch, 2 Eidotter
3 TL Vanillepuddingpulver
2 TL Orangenlikör (Cointreau)

Für die Beerensauce:
150 g Erdbeeren, 2 EL Zucker
frische Minze zum Garnieren

Außerdem:
Butter und Zucker für die Formen

Zubereitung

- Aus Eiern, Milch, Mehl und Salz einen Teig rühren. Die Hälfte vom Teig mit Kakaopulver verrühren. In gewohnter Weise in einer Pfanne mit etwas Butter nach und nach 4 helle und 4 dunkle Palatschinken backen.
- Für die Fülle Topfen, Vanillezucker, Rum und Zitronenschale vermischen und die Palatschinken damit bestreichen und einrollen.
- Die erkalteten Palatschinken in eine Klarsichtfolie wickeln und im Tiefkühler anfrieren.
- Dariolformen mit Buttern ausschmieren und mit Zucker bestreuen.
- Für den Überguss Milch, Eidotter, Vanillepuddingpulver und Cointreau verrühren.
- Die gekühlten Palatschinken in 8-mm-Scheiben schneiden und abwechselnd hell und dunkel in die Dariolformen schlichten. Mit dem Überguss begießen. In einem Wasserbad im Rohr ca. 20 Minuten überbacken.
- Für die Sauce die Beeren mit dem Zucker mixen.
- Soufflierte Topfenpalatschinken aus den Formen stürzen und mit der Sauce auf Tellern anrichten.

POWER
ON
SAVE

ANHANG

REZEPTREGISTER

Vorspeisen

Suppen

Zwischengerichte

Hauptspeisen

Desserts

KOCH
CHAMPION

REGISTER KANDIDATEN

BILDNACHWEIS

Alle Bilder © Interspot Film GesmbH,
außer: Fotos Eva Glawischnig S. 43 © Renate Edelhofer,
Fotos Manuel Kernthaler S. 45 © privat

ISBN 978-3-85431-634-3

Bücher aus der Verlagsgruppe Styria
gibt es in jeder Buchhandlung und im Online-Shop

styriabooks.at

UMSCHLAGGESTALTUNG: Bruno Wegscheider
COVERFOTO: Interspot Film GesmbH
REPRODUKTION: Pixelstorm, Wien

DRUCK UND BINDUNG:
Druckerei Theiss GmbH
St. Stefan im Lavanttal
7 6 5 4 3 2 1
Printed in Austria

Andreas
Wojta
Alexander
Fankhauser